¡Ssssssshhhhhhhhhh!

Haz del teatro algo íntimo

Llévalo siempre en el bolsillo

Cubierta y diseño editorial: Éride, Diseño Gráfico
Dirección editorial: ángel jiménez

Primera edición: mayo, 2025

Atila furiofo
Cristóbal de Virés
© VdB, 2025
Espronceda, 5
28003 Madrid

VdB®

ISBN: 979-13-87644-06-2
Depósito Legal: M-8461-2025
Diseño y preimpresión: Éride, Diseño Gráfico

 Este libro protege el entorno

Atila furiofo

Cristóbal de Virués
(Valencia, 1550-ibídem, 1614)

Fue un militar, dramaturgo y poeta épico español del Siglo de Oro. De familia distinguida siguió la carrera militar, luchó en la batalla de Lepanto y en Milán, y se retiró con el grado de capitán a su ciudad natal en 1586.

Es, con Jerónimo Bermúdez, el más importante poeta trágico de la generación neosenequista anterior a Lope de Vega y fue uno de los primeros en mezclar preceptos clásicos con la práctica contemporánea de su tiempo. El primer fruto literario tras retirarse de la vida militar fue el poema épico en octavas reales *El Monserrate* (Madrid, 1587). En su dramaturgia, de lenguaje estilizado, abundan los incidentes escabrosos, los elementos inesperados y el tema de autodeterminación. El volumen titulado *Obras trágicas y líricas del capitán Cristóbal de Virués* fue publicado en Madrid, el año 1609, e incluye cinco tragedias escritas entre 1570 y 1590. Se trata de *La Gran Semíramis*, *La Cruel Casandra*, *Atila furioso*, *La Infelice Marcela* y *Elisa Dido*. *Atila furioso* es un drama de agonía mental y de gran derramamiento de sangre y sufrimiento. Sus contribuciones formales a la comedia fueron reconocidas por Lope de Vega en su *Arte Nuevo de Hacer Comedias en Este Tiempo* (Madrid, 1609): «El Capitán Virués, insigne ingenio, / puso en tres actos la comedia que antes / andaba en cuatro, como piés de niño / que eran entonces niñas las comedias».

CRISTÓBAL DE VIRUÉS

Atila furiofo

Advertencia.

La edición de este volumen ha sido posible gracias a los ficheros facilitados por la Biblioteca Nacional de España. Hemos reproducido dicho texto íntegramente, manteniendo la máxima fidelidad con el original. Si bien la lectura es menos accesible para un público lector de hoy, hemos querido conservar el léxico de la primera y única edición de 1609 para que pueda comparar, no solamente la intención de la obra sino las expresiones de la época.

Figuras que hablan

ATILA, Rei de Vngria.

REINA, fu muger.

FLAMINIA, fu paje i amiga.

GERARDO, fu camarero.

ATAULFO, fu primo i general

XANTO, lo mifmo.

LOTARIO, fu confejero.

TEBALDO, lo mifmo.

DANUBIO, fu fecretario.

ROBERTO, portero.

GUILLERMO, Rei de Efclavonia.

ANFRIFO, Alcaide.

CELIA, Reina de Dalmacial.

RICARDO, ayuda de Camara.

Prologo.

De Marte tan furiofo i tan fangriĕto
i de Venus tan fuerte i tan molefta
por un adulterino ajuntamiento.
    Nacio un gigante ya vereis fi defta
mezcla tan buena el fer el hijo bueno
tiene dificultad bien manifiefta.
    El padre de rigor i faña lleno,
de rebueltas, de bravas diffenfiones,
cevado en muerte el iracundo feno,
    I de la torpe madre los blafones
fon viles apetitos fenfuales
infortunios, miferias, finrazones,
    Armado el padre rige los reales
i fuertes efcuadranes en la guerra
i mueve a faña i furia a los mortales,
    I defnuda la madre nos deftierra
la fanta paz, moviendo al ocio i vicio
toda la redondez de la ancha tierra,
    Mas es mayor del hijo el exercicio
pues del padre eredo la armada mano
i de la madre el femenil oficio,
    I eredo del padraftro vil Vulcano
un lazo o red de azero entretexido
de invencion i artificio fobre umano.
    Con efta erencia del Iayan Cupido
i el arco aquel de efpiritu inclemente
con que armado nacio efte mal nacido,

i el arco aquel de espiritu inclemente
con que armado nació este mal nacido,

Quiē del cuadrillo q̃ en el fuego ardiē-
i en infernales tofsigos templado   (te
despide el arco infatigablemente   (do

Herido no es? quiē en la red no à esta-
mas que los padres del que aora la tiende
preso rebuelto asido i enredado?

I quien ai de los ombres q̃ no entiēde
que el gigante a quien llaman niño ciego
que afsi el alma cautiva hiere enciende,

Es el ardiente fuerte i bivo fuego
del apetito sensitivo nuestro
tan lleno de mortal desassossiego?   (stro,

Este es quien vence al mas sagaz mae-
este es quien prende quien abrasa i hiere
al mas guardado al mas elado i diestro,

Ilustre ajuntamiento, porque infiere
el discreto inferir de vuestra parte
de su Tragedia oi el autor no quiere

Daros mayor noticia ni mas parte,
solo pide el silencio acostumbrado,
aunque pedille en tan ilustre parte
tambien pues es tan cierto es escusado.

L 5   IOR-

Quiẽ del cuadrillo q̃ en el fuego ardiẽ-
i en infenales tofsigos templado   (te
defpide el arco infatigablemente   (do
    Herido no es? quiẽ en la red no à efta-
mas que los padres del que aora la tiende
prefo rebuelto afido i enredado?
    I quien ai de los ombres q̃ no entiede
que el gigante a quien llaman niño ciego
que afsi el alma cautiva hiere enciende,
        Es el ardiente fuerte i bivo fuego
del apetito fenfitivo nueftro
tan lleno de mortal defaffofsiego?   (ftro),
        Efte es quien vence al mas fagaz mae-
efte es quien prende quien abrafa i hiere
al mas guardado al mas elado i dieftro,
        Iluftre ajuntamiento, porque infiere
el difcreto inferir de vueftra parte
de fu Tragedia oi el autor no quiere
        Daros mayor noticia ni mas parte,
folo pide el filencio acoftumbrado,
aunque pedille en tan iluftre parte
tambien pues es tan cierto es efcufado.

11

IORNADA
PRIMERA.

Reina. Flaminia.

Reina.

CVando con luz pura i clara
mi triste imaginacion
en tu cuerpo i alma para
veo un Angel en tu cara
i un tigre en tu condicion,
　Veo en ti tanta aspereza
Flaminio i tanta beldad
que creo con gran firmeza
que es tu cuerpo la belleza
i tu alma la crueldad,
　Possible es que no me entiendes?
possible es que dissimulas?
i que en mis ojos no aprendes
la llama que en ellos prendes
i el mal con que me atribulas?
　Mira quien te ama i adora,
mira quien te adora i ama,
advierte Flaminio aora
que soi tu reina i señora
que soi tu esclava i tu dama.

Flamin.　Nosse Reina a que atribuya

tus

IORNADA
PRIMERA.

Reina. Flaminia.

Reina.   CVando con luz pura i clara
mi trifte imaginacion
en tu cuerpo i alma para
veo un Angel en tu cara
i un tigre en tu condicion,
    Veo en ti tanta afpereza
Flaminio i tanta beldad
que creo con gran firmeza
que es tu cuerpo la belleza
i tu alma la crueldad,
    Pofsible es que no me entiendes?
pofsible es que difsimulas?
i que en mis ojos no aprendes
la llama que en ellos prendes
i el mal con que me atribulas?
    Mira quien te ama i adora,
mira quien te adora i ama,
advierte Flaminio aora
que foi tu reina i feñora
que foi tu efclava i tu dama.

Flamin.   Noffe Reina a que atribuya
tus razones tan eftrañas.

Reina.   a que foi del todo tuya,
i a que ya no ai donde huya
fin llevarte en mis entrañas.

Flamin.   Mira bien cuanto defdize
para con tu efclavo i paje
effo que tu lengua dize,
i cuanto fe contradize
con la razon tu lenguaje.

Reina.   Mas de lo que yo querria
mueftras tu poca efperiencia
Flaminio la pafsion mia
es de Amor i amor defvia
de fi, razon i prudencia,
Cuãto mas que es grã razon
i no falta de cordura
darte el alma i coraçon
pues por paga a mi pafsion
bafta ver tu hermofura.

Flamin.   Esme Señora tan nuevo
recibir effe favor
que del todo le repruevo
i digo que no me atrevo
a creer que es effo amor.
Digo en efeto feñora
que no creo que es verdad
lo que me dizes aora
fino provar fi atefora
mi pecho fe i lealtad,
Pues fepa tu alteza cierto
i defto fegura efte

que primero fere muerto
que fe vea defconcierto
en mi lealtad i fe,

Reina.   Adivinafte mi intento,
vifte mis razones bivas,
provar fue mi penfamiento,
vete ya. (*Fla.*) voi mui contenta.

Reina.   ven aca, que ya te ivas?
            No difsimules ya mas
Flaminio, no feas cruel,
mira cuan eftraño eftas
i viendo el mal que me das
no te precies de tan fiel,
            Que effa tu fidelidad
aqui tan en daño mio
es notable crueldad,
i no tenerme piedad
es ofenfa i defvario.

Flamin.   Reina mia no te alteres
ni tengas a mal lo hecbo,
haz de mi lo que quifieres
que cuanto de mi hizieres
eftarà a mi gufto hecho,
            Es la gloria en que me pones
tan defigual a mi fer
que aunque a dalla te difpones
con tan divinas razones
no lo podia creer,
            Prefto eftoi a darte gufto
en cuanto quieras de mi

ora fea injufto o jufto,
no puede darme defgufto
lo que te de gufto a ti,
    Que aunq̃ perdieffe la vida
i mil fi tantas tuviera
es, fiendo por ti perdida,
gloria jamas merecida
de quien mas que yo foi fuera,

Reina.   Si pudieffe no creerte
creo que no creeria
que te truecas de effa fuerte,
aviendo eftado tan fuerte
con mi amor i tu porfía.

Flamin.   Affegura el coraçon
i cree que fiente el mio
mui de veras tu pafsion.

Reina.   no moftrava effa intencion
tu rigurofo defvio.

Flamin.   Aora la moftrare
pues te prometo fervir
con tanta aficion i fe
que fi en lo paffado erre
lo enmiende en lo por venir.

Reina.   Si lo que prometes hazes
fabe Flaminio querido
que a tu mifmo fer aplazes,
i un coraçon fatisfazes
que a ti folo efta ofrecido.

Flamin.   Harelo fin falta alguna,

Reina.   por fuerça te è de creer,
                   i en ocafion oportuna,
                   fi aora foi importuna
                   prometo agradable fer.

Flamin.   Inmenfo contentamiento
                   me das con effa palabra.

Reina.   ten por fe el ofrecimiento
                   i con el a mi apofento
                   me voi antes que el Rei abra.

Flamin.   Dios con vueftra alteza vaya.

Reina.   i el te guarde mas que a mi.

Flaminia.

Flamin.   Amen plega a Dios, i caya
                   effa bendicion a raya
                   como la dizes afsi.
                        Ai difparate en la tierra
                   que al de la Reina fe iguale,
                   pues a fe que en efta guerra,
                   no fe que puerta fe cierra,
                   el camarero es que fales.

Flaminia, Gerardo

Gerard.   Por una tan linda fiera
que en fu roftro fe retrata
todo cuanto bien fe efpera
ardo en la mas alta esfera
do el fuego nunca fe mata,

       I fi efperança tuviera
paffara el mal que me mata
mas con pena eftraña i fiera
eftoi prefo do quien fe ata
fer libre jamas efpera,

       Como puefto en tal eftrecho
no tengo de fer covarde
eftando en llamas deshecho
i aviendo tan largo trecho
del agua al fuego que me arde.

       No fiente, o Reina, tu pecho
el fuego en que el mio arde
i afsi quemado el pertrecho
llegara el focorro tarde
fere ya ceniza hecho.

Flamin.   Gerardo fin que mas abras
las puertas del coraçon
en el fentido i el fon
de tus ardientes palabras
fe mueftra bien fu pafsion,

       Es por la Reina, i a mi
tan clara cuanto la que ella
tiene Gerardo por ti,
dichofa de amor centella
que en dos almas prendio afsi.

Gerard.   Tal cofa dezirme ofafte
Flaminio? que dizes? como
a dezir tal te arrojafte?
advierte que pefo i tomo
tienelo que afsi afirmafte.
         Por la Reina pafsion yo?
pafsion la reina por mi?
mal cierto el fon fe entendio
de mis palabras por ti.

Flamin.   mal, grande amor fe encubrio,
         I es lo que mas te conviene
el no encubrirte de quien
dentro de fu pecho tiene
algo mui bueno del bien
que penando te entretiene,
         Digo Señor en efeto
que fe que la reina fiente
tu pafsion i tu fecreto.

Gerard.   pero fi ella lo confiente
no lo fabras yo prometo,
         Mas dexemos (que me ofendo)
eftas burlas por tu vida.

Flamin.   Gerardo todo lo entiendo.

Gerard.   pues Flaminio a ti encomiendo
efta alma trifte afligida.

Flamin.   Ten feguridad de mi.

Gerard.   tengola fin duda alguna.

Flaminio. Gerardo. Roberto.

Roberto. señor, el Rei viene aqui.

Gerardo. en ota mas oportuna
hablaremos los dos. (*Fl.*) si

Atila. Tebaldo. Lotario. Danubio. Roberto.

Atila. A quien la injuria el animo no ofende
no le den entre ombres de ombre nõbre;
quien con injuria el animo no enciende
no deve ser llamado entre ombres ombre;
quien sin vengarse de la injuria entiende
entre los ombres alcançar renombre
no tiene frente digna de corona
ni merece respeto su persona,
    Yo siento tanto una pequeña injuria
q̃ estoi hasta vẽgarme ardiẽdo en fuego;
i assi si aora muestro enojo i furia
no os espanteis de mi desassossiego,
ya sabeis q̃ ni en Fracia ni en Liguria
valio contra mi enojo fuerça o ruego,
ya os acordais del fuego de Aquileya
cual el que vio Neron desde Tarpeya;
Solo Leon Romano Papa pudo
(no aviendome jamas lujuria hecho)
ser de su Roma a mi furor escudo
armado de umildad i amor su pecho;
assi moviome, mas el filo agudo
provara de mi espada, si a despecho
mi generoso coraçon moviera,

               M

Flaminio. Gerardo. Roberto.

Roberto. feñor, el Rei viene aqui.

Gerard. en ora mas oportuna
hablaremos los dos.(Fl.) fi

Atila. Tebaldo, Lotario, Danubio. Roberto.

Atila.   A quien la injuria el animo no ofende
no le den entre ombres de ombre nobre;
quien con injuria el animo no ēnciende
no deve fer llamado entre ombres ombres,
quien fin vengarfe de la injuria entiende
entre los ombres alcançar renombre
no tiene frente digna de corona
ni merece refpeto fu perfona,
          Yo fiento tanto una pequeña injuria
q eftoi hafta vegarme ardiedo en fuego
i afsi fi aōra mueftro ēnojo i furia
no os efpanteis de mi defaffofsiego,
ya fabeis q̃ ni en Fracia ni en Liguria
valio contra mi enojo fuerça o ruego,
ya os acordais del fuego de Aquile y a
cual el que vio Neron defde Tarpeya.
          Solo Leon Romano Papa pudo
(no aviendome jamas lujuria hecho)
fer de fu Roma a mi furor efcudo
armado de umildad i amor fu pecho,
afsi moviome, mas el filo agudo
provara de mi efpada, fi a defpecho
mi generofo coraçon moviera,
o fi injuriar mi Mageftad quifiera,

21

A un tiepo, como veis, me an ofendido
el Rei de Esclavonia, i la infolente
Reina del Epidauro, aviendo fido
cada cual a mi Edito inobediente.
no me dan el tributo que è pedido,
antes hazen comigo del valiente,
afsi fe menofprecia i fe aniquila
el Rei de Reiyes i de Vngria Atila.

Lot.   Ya, feñor, no te deve dar cuidado
effo, fino contento i regozijo,
pues Xanto i Ataulfo (como fiempre
tu de tus enemigos as tenido)
an ya deffos tenido la vitoria
que mañana veremos, entregandote
al Rei i Reina prefos, i dexando
por tuyos los dos Reinos conquiftados
cofas dignas, por cierto, de dos tales
Capitanes famofos i valientes,
i deudos al fin tuyos, i criados
en tu milicia i diciplina eroica.

Tebal.   Deves cierto, feñor, dar grandes gracias,
al poderofo cielo de que todo
te fucede conforme a tus deffeos,
que no menos fon dignas las vitorias
que Xanto i Ataulfo an confeguido
de Anfrifo Rei de Efclavonia, i Celia
Reina del Epidauro, de tu nombre,
que le ahorquen de una almena de palacio
que efte fobre la puerta, de manera
que cuando los efclavos que aguardamos
entren, eftè colgado como digo.

Lot.	Eftà apuntado? (*D.*) fi (*A.*) paffa adelāte.

Danubi. Los tres ermanos que a fu padre dieron
efcapo de la carcel de la vaina
adonde eftava prefo avia feis años
porque fin los poder pagar, devi a
dos mil ducados a la real Camara.

Atila. haganlos cuartos a effos tres ermanos
i ponganlos en palos efparzidos
todos a la redonda de la carcel.

Danubi. el Romano que traxo la embaxada
dē todos los lugares de la Marca.

Atila. aquel villano que tan libremente
hablò i tan fin refpeto en mi prefencia.
las narizes i orejas i la lengua
a effe le cortad, i afsi embialde,
refpondiendo a los pueblos q yo entiedo
bolver prefto a Italia a fu contento,
ai otros en la lifta? (*D.*) las mugeres
que fe traxeron de Bohemia prefas.

Atila. Las que fe defendieron en el fuerte?

Lot. Las que fe defendieron en la torre
aguardando el focorro veinte dias,
i por hambre fe dieron a la poftre.

Atila. cuantas fon ellas? (*T.*) fon cuareta i cinco.

Atila. ponganfe todas ellas en la torre

mas baxa del Caftillo repartidas
de dos en dos por entre las almenas
de fuerte que fe vean, bien atadas,
i no fe abra la torre en modo alguno
hafta que alli mueran de hambre todas,
ai mas que defpachar? (T.) no por aora.

Atila.   pues folo me dexad hafta mañana
que vendran effas gentes vencedoras
i el cautivo i cautiva que efperamos.

Lot.   haraffe de la fuerte que nos mandas.

Atila.

Atila.   Aborrezcame el mundo, i aborrezcan
mi nombre i mi prefencia mis vaffallos,
i fea aborrecible a cielo i tierra,
como me tema el mundo, i como teman
mi faña i mis caftigos mis vaffallos,
que es cofa de mugeres fer amables,
i de varones es el fer temidos
i fi a los generales que me traen
eftos prefos aora, tengo en algo,
es porque es cada cual dellos un Nero,
moftrando que poffee en fus entrañas
parte del coraçon que yo poffeo,
mas es al fin fu fangre de mi fangre
i para fer quien fon efto les bafta.

Atila. Flaminia.

Flamin.   Rei de los Reyes del fuelo
el del cielo te dè vida

Atila.   i a ti Flaminia querida
te guarde para mi cielo,

Flamin.   Señor tu Alteza no nombre
al ombre como muger.

Atila.   pues que ombre quieres fer?
tanto guftas de fer ombre?

Flamin.   Dandote a ti gufto, quieres
que no gufte yo del traje
queriendo mas fer tu paje
que Reina de las mugeres.

Atila.   Yo fi afsi gufto de verte
es para mejor gozarte.

Flamin.   yo folo por contentarte
me gozo en obedecerte.

Atila.   Ya fabes Flaminia mia
que de todas las mugeres
tu fola a mis ojos eres
lo mifmo que el Sol al dia,
I que afsi libre de celos
gozo de tu hermofura
con todo el gufto i dulçura
que pueden caufar los cielos,

Flamin.   Cuando no fueffe por mas
de darte a ti effe contento
fentiria como fiento
feñor, el que tu me das.

El cual me es a mi tan jufto
i ocupa el alma de fuerte
que fi no es gozarte i verte
no ai cofa que me dè gufto,
    I por la mifma razon
gufto del traje en que voi
pues que por fu medio doi
dulce fin a mi intencion,

Atila.   Con tu belleza i avifo
Flaminia me tienes tal
que cafi como inmortal
gozo de tu paraifo,
    Que como el alma efta unida
con la tuya juntamente
ella del bien gufta i fiente
fin que el cuerpo fe lo impida
    I cafi en fu perficion
goza la gloria a que afpira
pues en tus ojos fe mira
i alverga en tu coraçon.

Flamin.   Si yo eftuvieffe fegura
de que no as de aborrecerme
podrias defvanecerme
fubiendome a tal altura.

Atila.   Como tu no me aborrezcas
yo no podre aborrecerte,
i no por engrandecerte
creo que te defvanezcas,
    Pues yo no podre fubirte
donde merecer fubir

aunque fupieffe dezir
lo que querria dezirte,
    I tu difcrecion es tanta
que aunque en lo mas alto eftes
no te faltaran los pies
ni el valor que te levanta,

Flamin.   Mas de lo que es de mi jufto
confias, i bafta que
confies, Rei, qne eftare
rendida fiempre a tu gufto.

Atila.   Lo uno i lo otro confio
i yo fe que no me engaño
que en tu fer me defengaño
i en tu cordura me fio,
    I baften eftas razones
pues con ellas queda llano
que tiene amor en fu mano
juntos nueftros coraçones,
    I vamos, fi guftas dello,
a gozar de algun jardin
mientas llega el fol al fin
defte dia alegre i bello.

Flamin.   Si a ti te à de dar contento
puedes eftar cierto afe
que yo le recibire
con effe entretenimiento.

Atila.   Yendo tu, mi bien, comigo
ferame contento grande,
vamos. (*Fla.*) vueftra alteza ande.

Atila.   Ven junto a mi. (*Fla.*) Voi contigo.

Fin de la primera jornada.

IORNADA
SEGVNDA.

Reina.

Reina. No repofa el pecho donde
encendido en fuego ardiente
el furiofo Amor fe efconde
fi a fu colera impaciente
el alma le corresponde,
Efte furiofo dolor
efta mortal impaciencia
à de tener fi el amor
es de fu alma feñor
quiẽ no eftuviere en prefencia.
No puede tener fofsiego
quien tiene el alma encendida
en el amorofo fuego
porque la llama prendida
es toda defaffofsiego,
Pues que fi aprieta la lança
el amor enfierecido
i fuerça con fu pujança
a que el mas favorecido
no tenga en fe confiança,
A quien bufcas por aqui
Reina afligida i cuitada?
a mi mifma bufco, a mi
en Flaminio transformada
a cuyo fer me rendi,

I en quien tēgo mi efperãça
aunque aumeten mis cuidados
con mortal defconfiança
dos enemigos airados
que fon olvido i mudança,
       Mas fera pofsible que
Flaminio me olvide a mi?
i viendo cuanto le ame
podra negarme aquel fi
i quebrarme aquefta fe?
       No promete tu prefencia
que al cielo i tierra enamora
que vfes con tal inclemencia
con quien te ama i te adora
las condiciones de aufencia.

Reina. Flaminia.

Flamin.   Goza tu alteza del viento
que caufa en el mar ruido?

Reina.   no, mi Flaminio querido,
fino de mi penfamiento.

Flamin.   I en que penfavas que tanto
gozo te dava el penfar

Reina.   penfava poder gozar
a quien me da eterno llanto.

Flamin.   Quien es el cruel i duro
que puede caufarte enojos
con que umedezcas los ojos?

Reina.   no eftà mui lexos; te juro,
       Porque mis ojos le veen
i mi coraçon le fiente,
pues eftà antellos prefente
i dentro en lalma tambien,
       Donde caufa gloria tanta
cuanto a los ojos contento,
i tal gufto al penfamiento
que al mayor bien fe adelanta,
       I con fer efte bien tal
que no le ai tal en el fuelo
fuele un temor i un recelo
convertille en grave mal.
       Que llegando a recelar
que no fe paga mi amor
me caufa tanto dolor
que llego a defefperar,
       Ai Flaminio ya me entiēdes
ya fabes le que tu caufas.

Flamin.   aun que fon de amor las caufas
con todo effo me ofendes.
       Que pues yo te prometi
de eftar prefto a darte gufto
es feñora mui injufto
que te congoxes afsi.

Reina.   Yo eftoi tal Flaminio mio
que por fuerça è de creerte
i afsi o acierte o no acierte
en effa palabra fio,
       I mas que tu hermofura
propia de un Angel del Cielo

    ahuyenta mi recelo
i tu palabra affegura,
      I afsi pues eftàs tan firme
en tu promefa amorofa
hazer conviere una cofa
que la affegure i confirme.

Flamin.   Cuanto mandares hare.

Reina.   pues toma efta toca, i cuando
la gente i dia faltando
el Rei retirado efte,
      Por efta puerta pequeña
que va al baño de la fuente
ven, i firvame fielmente
effa toquilla de feña,
      Traila en el fombrero puefta
porque te conozca, adviertes
parece que te diviertes?
como no me das refpuefta?

Flamin.   Solo con obedecer
tengo yo de refponderte,
i pues è de obedecerte
no tengo que refponder.

Reina.   O gozo del alma mia
el cielo te guie i traya
i el fol nos dexe i fe vaya
donde jamas nos de dia,
      Con efta efperança voi
a paffar el dia largo

i aunque me parto i alargo
contigo quedo i eftoi.

Flamin.   I alla llevas tu, feñora,
mi dichofa alma tambien.

Reina.   pues por prenda de effe bien
a efte me atrevo aora.

Flaminia.

Ved que corriendo fe va
de corrida creo yo
del befo con que me elo
cuanto ella encendida eftà,
        Notable contrariedad
elarme con bivo fuego
efetos del amor ciego
todo cual el ceguedad,
        Que mayor que efta pafsion
de la Reina, i efte engaño,
cofa eftraña, cafo eftraño,
lo que es la imaginacion,
        Pẽfando ella que ombre foi
en fuego fe eftà abrafando,
i yo que es muger penfando
hecha un puro yelo eftoi,
        Ella tiene buen aliño,
con lo que en mi pienfa i tiene
juegos fon con que entretiene
fu tiempo Amor como niño,
        Aunque yo de juego tal

fi le miro atenta un rato
pienfo facar un barato
que acreciente mi caudal,

Flamin.   Vaya pues fu alteza i crea
que fera impofsible cierto
que efte amor i efte concierto
le falga como deffea,
      Cual entre Caribdi i Cila
el marinero con vientos
afsi eftan mis penfamientos
entre la Reina i Atila,
      Del uno i del otro veo
el amor i el penfamiento
i para cumplir mi intento
lo uno i lo otro proveo.
      Yo fere Reina de Vngria
o mal me andaran las manos,
no feran mis fueños vanos
ni mi firme fantafia,
      Al camarero parece
que fiento, el deve de fer,
quierome apartar i ver
fi la ocafion fe me ofrece.

Flaminia. Gerardo.

Gerard.   Con efperanças que en un debil hilo
tienen mi vida fufpendida i puefta
entretengo la muerte, i aniquilo
algun tanto el dolor que me molefta,
con las lagrimas triftes que diftilo
con que mi gran pafsion fe manifiefta

refifto un poco al fuego i al deffeo
i doi vida a la muerte que poffeo,

    Temerario deffeo injufto i vano
que a levantarfe a tal altura incitas
al penfamiento facil i liviano
que con mil vanidades folicitas,
mira que van perdiendo fu verano
las verdes efperanças ya marchitas
con quien contra mis laftimas peleo
i doi vida a la muerte que poffeo,

    Mira bien en cuan afpera difcordia
me tienes con lo poco que merezco,
ten de mi perdicion mifericordia
mira la trifte muerte que padezco,
allanate, convienete en concordia
con efta vida que por ti aborrezco,
porque con efperanças devaneo
i doi vida a la muerte que poffeo,

    O Reina a cuyos ojos boca i frente
donaire difcrecion belleza i gala
ni el bien del fuelo ni el refplandeciente
rayo del mas hermofo dia iguala,
doleos de mi pafsion, fenti el ardiente
fuego que de mi trifte pecho ecfala,
pues efperando en vos mi vida empleo
i doi vida a la muerte que poffeo,

    Con effos foles que oi en mi pufiftes
a tener efperança me animates,
i cuando juntos mi a Flaminio viftes
i a los dos juntamente nos miraftes
con los rubis i perlas que os reiftes
mi fuave efperança acrecentaftes,
con aquel favor rico me recreo

     i doi vida a la muerte que poffeo,
      Quien hizo aqui ruido? quiẽ efcucha?

Flamin. nadie deve de oirte, i el ruido
     yo le haria, que con prieffa mucha
     en tu bufca corriendo aqui è venido,
     pero con todo mira bien i efcucha,
     mira bien fi ai alguno aqui efcondido,
     porque el recaudo que te traigo diolo
     quien me lo dio para ti folo folo.

Gerardo.   No parece perfona, amigo dime
     el recaudo que traes, pero quiero
     que primero me digas fi redime
     efta alma aquella por quiẽ bivo i muero,
     o fi con fu rigor fuerça i oprime
     a defefperacion del bien que efpero,
     porque entiende Flaminio que no piẽfo
     poderte oir teniendome fufpenfo.

Flaminio.   Alegrate Gerardo, efcucha i tente
     por el mas venturofo i rico amante
     de cuantos mira el fol refplandeciente
     defde fu rico carro relumbrante,
     de tal fuerte la Reina admite i fiente
     tu voluntad i tu aficion conftante
     que tu deffeo i efta pafsion tuya
     te juro que es, Gerardo, propia fuya,
      I por q entiendas que no es dar al viẽto
     palabras vanas, ten, toma efla toca,
     i cuando el Rei quedare en fu apofento
     a prima noche, al de la Reina toca,
     trayendo en el fombrero efte ornamento

con que la Reina fe compone i toca,
por efta puerta as de venir, que es donde
el cuarto de la Reina correfponde.

Gerard.   Yo fueño, o es verdad efto q̃ efcucho?
cierte quc eres Flaminio tu de veras?

Flamin.   Gerardo no me efpanto de effo mucho.

Gerard.   o dulce fueño, o fi no lo fueras,
con el deffeo que velando lucho
formas aora, o fueño, eftas quimeras

Flamin.   dexa deffo feñor, que es verdad pura
la que te digo, della te affegura.

Gerard.   Pero tu mi Flaminio i mi bien eres,
i efta la toca es, digo la prenda,
de la Reina de todas las mugeres
en perficion, fin que a ninguna ofenda,
guftos regalos gozos i plazeres
guardadme en torno, cada cual defienda
al amante mas rico i mas dichofo
que vio ni puede ver el Sol lumbrofo.

Flamin.   Gerardo el Rei aqui fin duda viene
que gran ruido fi le adviertes fiento,
la toca efconde, i cuanto eftar conviene
al cafo apercibido, eftà, i contento.

Atila. Ataulfo. Guillermo, Anfrifo,
Gerardo, Flaminia.

Atila.   afsi fucede, tal caftigo tiene
          un temerario i vano penfamiento,
          ningun otro fuceffo merecia
          tu indifcrecion Guillermo i rebeldia.
              De fuerte que tan grande refiftencia
          tuvifte para entrarle fu caftillo
          dime Ataulfo? (*A.*) grãde i fi tu prefencia
          caufo el paffarlos todos a cuchillo.

Atila.   porque razon? (*A.*) porq̃ con impaciecia
          puefto fobre la puerta i el raftillo
          incitava fu gente a que murieffe
          primero que a la tuya fe rindieffe,
              Dezia con fobervia ardiendo en faña,
          mueran amigos effas gentes fieras,
          hazed en effe paramo i campaña
          vanquete de fus cuerpos a las fieras,
          digna es de vueftros braços tal hazaña,
          abatid effas barbaras vanderas
          que tanto el hado injufto favorece
          i de tantas vitorias enriquece.
              Era de ver el viejo con fus canas
          puefto fobre la puerta todo armado
          herir el viento con palabras vanas
          i a tus foldados con el braço ofado,
          las torres de la puerta eftavan llanas
          i el ancho foffo estava ya cegado,
          i afsi fue menefter allí fu amparo
          que a mil fuertes varones coftò caro,

Vn ancho i largo alfanje rodeava
efte viejo feroz i un grande efcudo
con tal defemboltura que admirava
al mas fuerte mas bravo i mas mēbrudo,
piernas braços i cuerpos deftronacava,
un rayo era fu cuchillo agudo,
i fu lengua era un fuego que encendia
al elado temor i covardia.
Mas fue feñor en vano todo cuanto
con pelear i perfuadir hazia
pues la muerte en tu gente con efpanto
la defdichada fuya perfeguia,
al fin alçando la vitoria el canto
quedò por tuya toda Efclavonia,
prendido el Rei, i puefta en la alta peña
con claro fin tu vitoriofa enfeña.

Atila.   Porque fue como yo Rei efte, quiero
que muera muerte onrada, echalde luego
a los leones, para que el mas fiero,

Guiller.   Atila Rei, efcucha un jufto ruego,
no mates afsi un Rei tu prifionero

Atila.   haz lo que mādo Anfrifo, a ti le entrego.

Anfrif.   ea venid. (*Gui.*) o fiera llena de ira.

Atila.   idos todos de aqui, Flaminio mira.

Atila. Flaminia.

       Tu fola te queda aqui
para que fea cumplida
efta vitoria tenida
teniendote junto a mi,
       Que fi el recibido gozo
que con el prefo Rei fiento
a ti no te da contento
cairaffeme a mi en un pozo.

Flamin.   Yo eftoi mi Atila de fuerte
que ya no tengo en mi parte
con que pueda contentarte
fino con mil ofenderte.

Atila.   Dime tu enojo i pafsion
Flaminia pues fabes que
por remediarla pondre
la fangre del coraçon.

Flamin.   Si folo mi pena fuera
por tu vida mi bien juro
que baxara al centro efcuro
antes que a ti te la diera,
       I que fi con padecer
pudiera yo remedialla
juro que por efcufalla
no efcufara el perecer,
       I fi viera que podia
fin daño tuyo encubrilla
i que por no defcubrilla
en tu injuria confentia,
       Antes muriera teniendo
encubierto mi tormento

que dezirtelo que fiento
i ofender a quien ofendo,
    Mas viendo q̃ aunq̃ yo calle
no remedio en nada el daño
ni del peligrofo engaño
puedo a quien digo alivialle,
    I que tu vida iconor
pongo en peligro notable
es fuerça feñor que hable
i te diga mi dolor,

Atila.   Flaminia no me entretẽgas
que mecaufas pena inmenfa
dime tu mal o tu ofenfa,
di fin rodeos ni arengas,
    No tardes querida dilo,
defcubre tu coraçon,
corta el paffo a la pafsion
i a las lagrimas el hilo.

Flamin.   Antes mil muertes quifiera
paffar, mas yo lo dire
por no quebrarte la fe
que te devo i guardo entera,
    No fe como començar.

Atila.   no me mates, di fi quieres.

Flamin.   o mengua de las mugeres,
digo feñor que vi eftar.

Atila.   Di a quiẽ i dõde al momẽto.

Flamin.   a Gerardo tu querido
con la Reina entretenido
en el vltimo apofento.

Atila.   Flaminia que dizes? (*F.*) digo
lo que puedes ver tu mifmo.

Atila.   antes baxarà al abifmo
effe traidor mi enemigo.

Flamin.   Señor fi efta tarde eftas
comigo en efte lugar
efto que me oyes hablar
claro a los ojos veras.

Atila.   No digas mas que no quiero
yo agenos pareceres.

             Flaminia.

Flamin.   hazlo tu como quifieres
folo hagas lo que efpero
      Mas el primer movimiento
quiero dexarle paffar
que defpues harele eftar
rendido a darme contento,
      Yo con mis manos hare
que a la Reina que el corona
quite el mifmo la corona
i a mi me la ponga i de.

Flaminia. Roberto.

(to)

Roberto   Dŏde eftà el Rei Flaminio? (*Fl.*) en efte pũ-
de aqui acaba de entrarfe en fu retrete.

Roberto.   pues avifalde que à llegado Xanto
con la Reina cautiva. (*Fl,*) avifarele.

Roberto.

Roberto.   No es donofo el entono con que habla
el rapazillo vano? no es donofo
el modo de moftrarfe mui privado?
a lo q̃ puede, aun hafta en un muchacho
de ayer nacido, la ambicion, la ardiente
fed, de valer i de mandar el mundo.

Roberto. Xanto. Celia.

Xanto.   Avifaftes al Rei Roberto? (*R.*) luego
faldra feñor aqui fin falta alguna,
que ya Flaminio fu querido à entrado
a dezir que llegaftes.

Xanto.   que todavia dura effa privança?

Roberto. Xanto. Celia. Atila. Flaminia.

Roberto.   Ya fale el Rei, plaça feñores, plaça.

Atila.   Seas primo venido en ora buena.

Xanto.   effa feñor el cielo te conceda
en todo cuanto fuere a tu contento.

Atila.   alçaos Xanto del fuelo, es efta Celia?
efta es tu efclava la famofa Celia.

Atila.   Celia fi de otra fuerte te rigieras
no derramaran tus hermofos ojos
effas lagrimas tiernas tan de veras
ni fintieras tan afperos enojos,
no fuerades tu gente i tus banderas
i tu, de mi vitoria los defpojos,
i en paz biviendo en mi amiftad i gracia
gozaras de tu reino de Dalmacia,
   Pero pues de indifereça te perdifte
ten paciencia, no llores ni te afligas.

Celia.   pues tan dichofo i tan cruel nacifte
bien es que en efte cafo me corrijas,
mas fabe que las lagrimas que vifte
con que te alegras tu i te regozijias
no fon por falta de animo i cordura
fino por fobra de mi defventura.

Atila.   Dexemos effo, Xaato efcucha, quiero
que me des cuenta particularmente
de tu jornada i del conflito fiero.
del valor de la una i otra gente
porque effa gran vitoria por entero
me fatisfaga mi deseo ardiente,
i de mas defto porque me entretenga
hafta que la ora del repofo vengi.

Xanto.   Llegue feñor con diligencia i fuerte
al Epidauro, i con filencio tanto
que dio nueva de mi, del primer fuerte
la perdida el incendio el faco el llanto,
hizoffe entonces Celia fola fuerte
en fu ciudad rendida al fiero efpanto,
digo fola Señor, que no tenia
gente alguna de guerra en compañia,
          I afsi al primer affalto, que dos oras
duro con gran tefon de ambas las partes,
fe vieron tus banderas vencedoras
tremolar en los altos baluartes,
i tus gallardas gentes domadoras
con quien tu fuerte coraçon repartes,
entraron la ciudad, cuyo alarido
creo que pudo fer aqui fentido,
          Yo que con el deffeo de agradarte
procurava prender la Reina biva,
con mil a quien guiava tu eftandarte
hazia el alcaçar a efte tiempo iva,
ganè el foffo la puerta el baluarte,
i con la furia que el vencer abiva
entrado fue el alcaçar, i bufeada
Celia, no pudo fer jamas hallada,
          En efte punto fue en el puerto vifta
abatir i çarpar una galera
i en ella bozear alifta, alifta,
la palamenta, cia, efcurre, afuera,
1 cafi en menos tiempo que la vifta
vee lo que quiere ver, eftuvo fuera
del ancho puerto, i defplego el baftardo
a un viento frefco profpero i gallardo,
          Vi luego que la Reina en fi llevava

el vaxel que falir huyendo via,
i vi que otra galera fe apreftava
para feguir aquella mifma via,
baxè a la mar i con la gente brava
que impaciente i furiofa me feguia
por una plancha con furor ardiente
en la galera entre i rendi la gente,

    Hize luego çarpar, bogar avante,
hiçar la vela grande i el trinquete,
al viento que foplava de levante
tanto que el mar bañava el tendalete,
jamas con furia tal flecha bolante
facò del arco tracio matafsiete
como el viento del puerto la galera
figuiendo i dando caça a la primera,

    Aquella tarde i noche la feguimos
hafta que con la luz del Sol figuiente
mui cerca la galera defcubrimos
con gozo inmenfo mio i de mi gente,
amainamos entonces porque vimos
que ella nos efperava atentamente,
efperavanos ella porque via
que era fuyo el vaxel que la feguia.

    Al fin Señor lleguè a boga arrancada
i envefti fu galera por un lado.
quedò la Reina atonita i pafmada
del nuevo i trifte cafo no penfado,
fue la galera en un momento entrada
quemãdo un fuego que fe prẽdio airado
municiones foldados chufma ropa
maftiles xarcias remos proa i popa,

    Salveme yo del bravo fuego a pena
con Celia en un efquife i al momento

       hize de mi vaxel hiçar la entena
       dar los remos al mar la vela al viento,
       al otro dia con la luz ferena
       tomè el feguro puerto a falvamento,
       hallando la ciudad a faco puefta
       q̄ en orden fue defpues por mi cõpuefta.

Atila.   Bafta, i vete a tomar repofo Xanto,
       i todos os parti, tu fola queda,

       Atila. Celia, Flaminia efcondida.
       Tu fola Celia queda aqui entre tanto
       que defcubrirte el pecho i alma pueda,
       pero fera impofsible dezir cuanto
       gozo recibo en verte, aunque conceda
       el mifmo Amor que con fu lengua hable
       tanto eres a mis ojos agradable.
                            (ro)
Flamin.   (Aunq̄ efcuche mi mal efcuchar quie-
       defde aqui pues eftoi bien efcondida.)

Atila.   i de tu difcrecion mi Celia efpero
       que guftaràs de darme alegre vida,
       i que querras trocar en prifionero
       el rei de quien eftas prefa i vencida,
       quedando fi guftares de mi gufto
       con el nombre de Reina a ti tan jufto.

Celia.   Como de fer cruel te precias guftas
       de dar mayor tormento a quien le tiene
       i afsi con effas platicas injuftas
       tu coraçon con gozo fe entretiene,
       i penfando que en ello me defguftas

hazes burla de mi porque mas pene,
pues fabe que me das contentamiento
en juntar a mi mal nuevo tormento,
Porque con el fera pofsible que abra
la muerte puerta a mi anguftiada vida.

Atila.   Celia no temas tal de mi palabra
ni defta voluntad a ti ofrecida,
i mira bien que tu belleza labra
en un metal, en una endurecida
piedra de un diamante, que es mi pecho,
i le tiene de ti una imagen hecho,
        Effos jazmines, effas rofas bellas,
effos rubies, effas perlas finas,
effos lazos de oro, effas eftrellas,
effas dulces palabras peregrinas,
effos divinos rayos i centellas,
i effas gracias perfetas i divinas,
an en mi coraçon hecho un entalle
que el tiempo no podra jamas borralle.

Celia.   Antes mi propia mano rigurofa
me dara trifte muerte que fe diga
de Celia que fue Reina poderofa
ques de un tirano torpe i vil amiga.

Atila.   por feñora te quiero i por mi efpofa
como tu fer i mi aficion me obliga,
no creas ques mi penfamiento injufto
ni tan ageno de tu fer i gufto.
        Yo eftoi mi Celia en ocafion aora
que podre de mis reinos coronarte
haziendote de mi reina i feñora

dandote en efto cuanto puedo darte,
fucederas a mi muger traidora
que con la vida el reino à de dexarte,
olvidare por ti, fi afsi te gozo,
cuanto en el mundo puede darme gozo.

Celia. Cuāto mas me prometes mas de veras
creo que no haras cofa a mi gufto,
pues effo que me dizes fon quimeras
por atraerme a tu querer injufto,
con la muerte fe folo que pudieras
darme el contento a mi defleo jufto,
mas ya que tu no me la das, confio
que me la dara prefto el dolor mio.

Atila. Mi bien no le congoxes ni atribules
que lo que eftoi diziēdo es verdad pura.

Celia. Señor dexate deffo no me adules
que no aprovecha en una piedra dura.

Atila. ruegote que effa pena difsimules
hafta mañana folo que fegura
podras eftar de mi aficion i intento
i por ques tarde ven a tu apofento.

Flaminia.

Flamin. Como fufro lo que veo?
como me detengo i callo?
porque mi fuerça no empleo?
i pues con fuerças me hallo
porque refreno el deffeo?

Porque no voi i le digo
a efte tirano fin lei
que guarde fu fe comigo?
mas quien rompe la de Rei
mal guardarà la de amigo,
　O fortuna, en un momento
hazes cien mil movimientos,
das apenas un contento
cuando cien mil defcontentos
vienen en fu feguimiento,
　O cuan enemiga mia
te mueftras fortuna leve
pues cuando mas pretendia
me quitas con mano aleve
un folo bien que tenia
　Ya con la inoren e traicion
que a la trifte Reina ordeno
penfe cumplir mi intencion
i tener de gozo lleno
efte trifte coraçon.
　Cuando fer Reina creia
creyendo al Rei que moftrava
que mas que a fi me queria
con fu veloz rueda i brava
fortuna me lo defvia,
　Ai defdichada muger
ya lo que yo pretendi
no me puede fuceder,
fin duda que yo naci
folo para padecer,
　Mis padres deudos i ermanos
en injufta i fiera guerra
me quitafte rei tirano

i me traxifte a tu tierra
en efte traje profano,
    I porque de ti creia
que me tenias amor
olvide la ofenfa mia
i como amigo i feñor
te amava i te obedecia,
    Efta efclava que te ofrece
que la procuras por dama,
quien el fefo te efcurece
aborreciendo a quien te ama
i amando a quien te aborrece,
    Que as hallado en effa efclava
que no lo tenga efta trifte,
o pafsion inmẽnfa i brava,
o Flaminia como oifte
lo que aquel traidor hablava?
    Mas es juftifsimo pago
fi bien contemplo mi culpa
pues la gran traicion que hago
a la Reina, es fin difculpa,
i digna de mayor trago,
    Dios fabe y a fi querria
evitar Reina tu muerte,
pero no fe porque via
ni es pofsible que la acierte
quien con mil yerros porfia,
    Ya fiento llegar la ora
que de mi maldad aguardo,
o mal lograda feñora,
o pobre de ti Gerardo
vendidos de efta traidora,
    Aqui me quiero efconder

por fi alguno de los tres
viene, que le pueda ver

Flaminia. Atila.

Atila.   ora me parece que es,
          ora deve ya de fer.

Flamin.   Ya viene el infiel tirano
          quiero falir a hablalle,
          fegun eftà el paffo i llano
          llegueffe tu alteza i calle.

Atila.   es tarde? (*F.*) no, ni temprano.

Atila.   Luego a buen ora è venido?

Flamin.   fi feñor. (*A.*) donde eftaremos?

Flamin.   aqui fin hazer ruido.

Atila.   pues efcondete i callemos
          que parece que è fentido.

Atila. Flaminia. Reina en ventana.

Reina.   Ya llega la dulce ora
          de mi mayor alegria,
          o Sol para fiempre mora
          dentro de la noche fria
          donde te alvergas aora.
               El cielo eftà foffegado,
          la noche cual deve efeura

fola efta pieça i fegura,
parece que fe an juntado
lugar i tiempo i ventura.

Atila.   Ya me parece que veo
no fe a quien en el balcon,
ya yo mifmo en mi peleo
con mi bravo coraçon
porque fu furia no empleo,
   I es milagro fi me fuerço
pues en ninguno à nacido
coraçon tan encendido,
aunque braveza i esfuerço
muchos ai que lo an tenido.

Flamin. Para confeguir tu intento
conviene que te reportes,
i que effe tu encendimiento
aora atajes i acortes
aunque te caufe tormento,
   I bien fe que es menefter
valor i fefo cumplido
pues en efto que te pido
penfaron muchos faber
pero pocos an fabido.

   Atila. Flaminia. Reina. Gerardo

Gerard. Es cuerpo el que me rodea?
es tierra la que aqui pifo?
es aire el que me recrea?
o yo eftoi en paraifo
o mi alma fantafea.

En el paraifo eftoi
no esfantaftica locara,
guiadme amor i ventura
para que pueda do voi
gozar de la coyuntura.

Reina. Ya ya alcanço a defcubrilla,
el es pues tanto me alegro,
ya conozco la toquilla
puefta en el fombrero negro
que campea a maravilla,
El es, mi contento es cierto.
mi gozo i mi gloria es cierta
mi bien la puerta eftà obierta

Gerard. entro pues, tomo ya el puerto

Flamin. de gozo, que es efta puerta.
efpera feñor, que vas?

Atila. Dexa, que quieres hazer?
que quieres que aguarde mas?

Entra.

Atila. do eftas traidora muger?
i tu traidor donde eftas?

Reina. Al de mi. (Ger.) ai de mi.

Reina. mifericordia. (Ger.) piedad.

Atila. fegun vueftra lealtad

la clemencia fera afsi,
ya hize mi voluntad,

Sale.

I lo mifmo en mil hiziera
FI aora con mil topara,
i fi de cien mil vertiera
la fangre, no me quitara
la fed de mi faña fiera.

Flaminia.

Flamin   Pues aunque fea tal tu faña i fuerça
podra efta flaca i debil mugercilla
por el celo mortal en que fe esfuerça
con fu valor i efpiritu rendilla,
i moftrarà como tu fe fe tuerça
como tu amor fe mancha i fe amanzilla
confumiendo de celos a efta trifte
por la efclava que tanto requerifte,

O celos rabiofifsimos que llaga
tan mortal aveis hecho en mis entrañas,
o pafsion que la vida i alma eftraga,
o bravo mal que con tal fuerça dañas,
afsi cruel mi voluntad fe paga?
afsi de mi te apartas i te eftrañas
afsi fe olvida efta cuitada i trifte
por la efclava que tanto requerifte?

Pues fi en lugar de la q̃ aora as muerto
no foi Reina de Vngria i muger tuya
puedes eftar infiel tirano cierto
de que Flaminia a ambos os deftruya,
i nadie ni a traicion ni a defconcierto

mi determinacion brava atribuya
pues olvidas traidor a aquefta trifte
por la efclava que tanto requerifte.

Fin de la fegunda jornada.

IORNADA
TERCERA.

Ricardo.

Ricard.   Que furia orrible del abifmo eterno
anda por efta trifte cafa fuelta?
quiẽ caufa en ella efte efpãtofo iufierno?
efta terrible i afpera rebuelta?
quien à podido cuando en gozo tierno
i en dulce regozijo eftava embuelta
trocarla con tan bravo orror i efpanto
furor ira rabia muerte i llanto,
   O miferable mundo cuan efcaffo
es el bien qne tu mano avara ofrece,
a penas llega el bien con tardo paffo
cuando bolando fe defaparece,
eftà para venir canfado i laffo
i un corço un ave un viento al ir parece,
uvo a penas del bien aqui una fombra
cuãdo el mal nos perfigue ya i affombra,
   Ayer eftuvo lleno de alegria
palacio, con la gente vitoriofa,
i a fu contento i gufto refpondia
con regozijos la ciudad famofa,
a noche ya el defgufto rebolvia
la muerte de la Reina laftimofa,
oi tambien boda i regozijo, i luego
efpantofo i mortal defaffofsiego.

Ricardo. Flaminia.

Flamin.   Ricardo que rumor es efte i llanto?
           quien caufa efte albororo i alarido?

Ricard.   o Flaminio querido, el fiero efpanto
           mas que las furias encruelecido
           es caufa de mi duelo, i es de cuanto
           rumor orrendo as en Palacio oido
           que acompañado de la muerte, arrafa
           la vida i bien defta infelice cafa,
                    Sabras Flaminio que de alli a un poco
           que dexafte en lo mefa al Rei cuitado
           de contento i de gozo cafi loco
           por averfe con Celia ya cafado,
           o Rei eterno tu favor invoco
           para poder dezir lo que à paffado
           que tales cofas fon que fe fin duda
           que no podre dezirlas fin tu ayuda

Flamin.   Ricardo dime por tu vida prefto
           lo que quieres dezirme, porque entiẽde
           q̃ en tal eftrecho ya el temor me à puefto
           que a pena el coraçon fe le defiende,

Ricard.   fufpende, o viento,el buelo largo i prefto
           i el curfo tu, dorado Sol, fufpende
           mientras yo cuento el lamentable cafo
           para que lo lleveis de Oriente a Ocafo,
                    A pena a la mitad de la comida
           avia llegado el Rei contento, cuando
           con una brava furia no entendida
           fe aparto de la mefa bozeando,

i a la infelice Celia fu querida
con quien la boda eftava celebrado
arremetio fin declarar fus bozes.

Flamin.   di presfto mi Ricardo afsi te gozes.

Ricard.   No puedo con mas animo dezillo
que es cofa que a un tigre le quitara,
con el roftro tan flaco i amarillo
que a los demonios atemorizara
de la mefa tomo el Rei un cuchillo
i como digo arremetiendo para
la trifte Celia, atraveffole el fiero
el blando pecho con el duro azero,
    Cayo la trifte Celia mal lograda
haziendo de fu fangre un largo rio,
i el con la cara atonita i pafmada
quedo mirando el bello cuerpo frio,
pero buelto a fu furia acelerada
i al repentino i bravo defvario,
en fus pechos fe pufo de rodillas
derribando primero mefa i fillas,
    I puefto afsi el cruel, por el cabello
afio la muerta con la izquierda mano
i con la fuerte dieftra al blanco cuello
el roxo hierro aplica el inumano,
no fe Flaminio como pude vello,
(o fangriento i bravifsimo tirano)
afferrãdo con furia, en breve pieça
feparò de fu cuerpo la cabeça,
    I con ella colgada de la izquierda
por el largo cabello de oro fino
como quien de mortal fueño recuerda

quedò acabado el fiero defatino,
pero luego le dio mas larga cuerda
aquel furor rabiofo i repentino
i a los demas aviendo arremetido
huyendo aca i alla nos à efparzido.

Flamin. O bravo cafo, o cafo trifte orrendo,
i el, donde aora està Ricardo amigo?

Ricard. falime yo con los demas huyendo,
baftòme fer de aquel gran mal teftigo,
el, quedò alli, falime yo temiendo
del furiofo cruel aquel caftigo.

Flamin. pues no fabremos el fuceffo entero?

Ricard. yo le quiero faber. (*Fla.*) aqui te efpero.

Flaminia.

Flamin. Con lo que efte fe congoxa
i el alma aflije i afana
mi pafsion fe cura i fana
i mi tormento fe afloxa,
Afsi va el mundo, uno tiene
daño, con lo que otro bien,
uno muere de un defden,
i otro con el fe mantiene.
La ponçoña que al Rei di
efta operacion à hecho
pues a el le altera el pecho
i me le fofsiega a mi,
El matandome con celos

con Celia eftava contento
hecho y a fu cafamiento
mui ageno de recelos,
   I yo matandole a el
i viendo ya muerta a ella
mato la ardiente centella
del celo airado i cruel,
   O que confejo tan bueno
i que feguro camino
fue mezclarle con el vino
el mortifero veneno,
   Muere perfido inumano
muerte cruel inumana,
falga effa alma tan tirana
de effe cuerpo tan tirano,
   Acabeffe ya tu imperio
i effa alma encruelecida
falga de fu libre vida
i yo de mi cautiverio.
   Gozare ya libertad
i aunque tarde avre vengado
mis padres deudos i eftado
que deftruyò tu crueldad,
   Ireme fegura a el
i fere admitida allí
por feñora, pues a mi
queda la fucefsion del,
   I ya que no foi de Vngria
Reina como procure
feñora de mi fere
i de la tierra que es mia.
   Que ruido es el que fiento?

Flamima. Ricardo.

Ricard.   Flaminio, Flaminio guarda.

Flamin.   Ricardo efperate, aguarda.

Ricard.   efcondete aqui al momento,
        El Rei viene i no ai huirnos
        que eftan cerradas las puertas,

Flamin.   eften o no eften abiertas
        no temas, no ai porque irnos.

Ricard.   No ai porque dizes feñor?

Flamin.   no temas, detente un poco,

Ricard.   è alli donde viene el loco.

Flamin.   el muerto diras mejor.

Flaminia. Ricardo, Atila furiofo.

Atila.   Viertaffe corra la fangre
no quede perfona biva
i a la Reina mi cautiva
fangrad porque fe deffangre,
      Sal el pecho orrenda fiera
fino baxarè al infierno
o fubire al cielo eterno
con Marte en fu quinta esfera.

Flamin.   Como eftà en fu fantafia
fiempre fu brava crueldad.

Ricard.   De las palabras juzgad
cual es la alma que las cria.

Atila.   Pues tu Celia te acomodas
i eres de las Reinas godas,
yo al infierno baxare
i las almas matare
para celebrar tus bodas.
    Echalas del Paraifo
donde con valor i avifo
a falvarfo todas van,
porque fi en el cielo eftan
ya yo el cielo mato i pifo,
    Ten Cielo, deten la rueda
no la buelvas tenla queda
para effe furiofo torno,
no le des bueltas en torno
hafta que tenerme pueda,
    Oyeme no te me alexes,
ni en tal tormento me dexes,
no te fubas Reina amada,
ya te veo levantada
en los eftrellados exes,
vayã al Epidauro i a Dalmacia
con quinientas galeras reforçadas
i por las puertas entren de Aquileya,
formados efcuadrones reprefenten
al enemigo la batalla, i talen
el campo todo donde eftan las naves,
i la cavalleria en tropas trote

por el inmenfo golfo de la Luna
con las picas larguifsimas i efcudos
i defmantelen de tropel el mundo,
fi el mar roxo fe dixo por la fangre
que en Roma derramò Nerón cõ fuego,
efte mar efta tierra i efte cielo
todo fe llamarà tambien mar roxo,
fi el fuego del infierno nunca oiftes
vofotros que afsiftis a la redonda
defta mefa de bodas celebrada
donde la copa me fervis i el vino
que confuela i alegra mis entrañas,
mis entrañas fon fuego del infierno,
el vino es el amor de nueftras bodas,
la dulce copa ya no es copa, es capa,
efcapaffe del alma i del infierno,
i del fuego i de amor i de la boda,

Flamin.   Que furia que confufion,
que varias revoluciones.

Ricard.   Es todo cual la imprefsion
que fus furiofas pafsiones
hazen en fu coraçon.

Atila.   Ea foltà los Rios de los Cielos,
i abri las cataratas de la tierra,
i cayan del infierno effos granizos
que ni efcuadrones ni ordenãças dexen,
ni trincheras reparos ni traveles,
hincha los foffos de quemada fangre
la plaça de armas de la grande Roma,
quemen la Infanteria, i por las picas

ella paffe aTebaldo a Xanto i Celia,
Guillermo a los Leones eche Anfrifo,
de quinientas hileras de cavallos
i tres mil tiradores por la frente
el fondo i centro de tres mil banderas
a Flaminio iFlaminia i paje i dama
i Gerardo i la Reina en una toca
pondreis a degollar junta la flota
con la galera en el ardiente rio,
     Rio i agua me traed
fi efte fuego no os empece
que cuanto fu llama crece
me eftoi elando de fed,
     En medio del agua i rio
el fuego i el yelo gufto,
tengo pena i tengo gufto
como i bevo lloro i rio,
No me veis leones bravos?
no veis mi pecho de azero?
cuantos ombres biven quiero
tener en mi pecho efclavos,
     Viertaffe corra la fangre
no quede perfona biva,
el cuerpo la vida abiva
como el alma fe deffangre,
     La terneza como un monte
tiene en mi cuerpo Flaminio
i en el alma efta el dominio
del fuego de Flegetonte,
     Aqui entre mis fuertes braços
aqui entre mis duros dientes
muger amigos parientes
queden hechos mil pedaços.

tener en mi pecho esclavos,
Viertasse corra la sangre
no quede persona biva,
el cuerpo la vida abiva
como el alma se dessangre.
La terneza como un monte
tiene en mi cuerpo Flaminio
i en el alma esta el dominio
del fuego de Flegetonte.
Aqui entre mis fuertes braços
aqui entre mis duros dientes
muger amigos parientes
queden hechos mil pedaços.
Que no ai sed ni fuego ya
el fuego i la sed se de
a quien con mi Celia este
cual ella comigo esta.
Flaminia i Celia cautiva
antes que a mi me dessangre?
viertasse corra la sangre
no quede persona biva.

Ricard. Ai mayor cöpassion Flaminio q̃ esta
Flamin. ninguna tengo yo que se sin duda
que es justicia justissima del cielo
executada por la debil mano
de una debil muger mui ofendida.
Ricard. no entiëdo lo q̃ dizes. (*F.*) yo me entiëdo.
Atila. Celebresse la boda en mis entrañas

a fue-

Que no ai fed ni fuego ya
el fuego i la fed fe de
a quien con mi Celia efte
cual ella comigo efta,
    Flaminia i Celia cautiva
antes que a mi me deffangre?
viertaffe corra la fangre
no quede perfona biva.

Ricard.   Ai mayor copafsion Flaminio q̃ efta.

Flamin.   ninguna tengo yo que fe fin duda
que es jufticia justifsima del cielo
executada por la debil mano
de una debil muger mui ofendida.

Ricard.   no enriẽdo lo q̃ dizes. (*F.*) yo me entiẽdo,

Atila.   Celebreffe la boda en mis entrañas
a fuego i fangre en declarada guerra,
ni regiones tan barbaras i eftrañas
puede tener la boladora tierra,
eroicos hechos celebres hazañas,
del Norte al ancho mar de Inglaterra
fujetarà efte braço, tenle, tenle,
i el triunfo eroico de mil mundos denle.
    Para, detente ya, ten,
que ni el triunfo ni la boda
quiero que a Flaminio den
a mi Celia fe de toda
todos con mi Celia eften,
    Pero vos que afsi traeis
Xanto el Macedonio efcudo

el affombro que en mi veis
Guillermo tenelle pudo
mas vos en mi le teneis.
　　Que ni la brava tierra
donde el infierno afsifte
con las furias crinadas de culebras,
ni aquella dura fierra
de que formar quififte
aquel cabello de doradas ebras
que en Celia adoras i en el Rei celebras,
　　Para acampar las torres i caftillos
fortificados treinta milinfantes
en raiz cuadra de terreno i gente
ques menefter Lotario mi Ataulfo,
traidores que temeis ya de la Reina
el Rei de Reyes i de Vngria Atila
perros afsi es tratado por vofotros?
que efperais de la toca de Gerardo?
viertafle toda corra y a la fangre
no quede piedra ni perfona biva,
en las almenas del Caftillo todas
cual hambrientas harpias bien atadas
poned effas cuarenta mil mugeres
con los de la galera i Ratisbona,
i a mi en eftas entrañas que aqui rafgo
i en eftos pies con que el infierno pifo
i en eflas manos con que abrafo el mūdo
dadme las armas fuertes de Alexandro,
enfrenadme cien mil cavallos roxos,
dadme dozientas mil lanças i efcudos,
efcudos, no me deis efcudo, efcudo
es efte pecho diamantino i fuerte,
lanças, no me deis lanças, lanças fieras

fon los potentes rayos de mis ojos,
por todo el cielo i por la tierra juro
que fi al momento no me dais las lanças
con que Alexandro conquiftò la tierra,
i los efcudos con que el bello incendio
hizo en la bella Roma el bello Nero,
    Con menos bivoras que eftas
fe an comido cien mil pechos,
con mas lanças i pertrechos
eftan en mi pecho pueftas,
    Corred aqui, aqui corred,
amigos Ricardo, Xanto,
no es fed, no es furia ni encanta,
fino encanto i furia i fed.
    Ya fe va toda ya toda,
fe vierte la fangre i corre
quien efte fuerte focorre?
quien efta guerra acomoda?

Flamin.   quien vio jamas tan bivamente el alma
pintada de algun ombre en las palabras
cual la defte furiofo en eftas vemos?

Ricard.   habla la boca defte fiero monftro
de la abundancia de fu bravo pecho,
confundiendo la furia repentina
las efpecies que ofrece la memoria,
la razon pervertida i ofufcada
del vino que caufò tan grave daño,
del vino que, cual fuele, fiendo ufado
con el vicio que Atila fiempre ufole,
haze a los ombres brutas beftias fieras,
haze a los ombres furias infernales,

haze en fuma a los ombres no fer ombres
fino afrenta i oprobio de los ombres.

Atila.   Eftos que por mi eftomago tan malo
con lengua injufta llamo injuftos males
fiendo mis injufticias tan mortales,
del jufto cielo fon açote i palo,
        Fuife tu cual yo fo i Sardanapalo?
Neron tus intenciones fueron tales?
Zoilo con mi lengua no te iguales,
pues con mis obras a Epicuro igualo,
        Soi hãbriento Leon, foiTigre orrẽdo,
foi falfo crocodilo i fiero drago
efpantable vifion, monftro i veftiglo,
        Soi trueno afsõbrado, rayo eftupẽdo,
temblor del mũdo, grima, orror i eftrago,
mas que efto todo foi, ombre del figlo.

Ricardo.   Dizen locos i niños las verdades.

Atila.   Defde los ciclos hafta los Antipodas
i defde Xerxes hafta Ciro i Tantalo
tengo de amor a Celia i a Semiramis,
dadme effa cõfufion de Troya, dadmela,
ajudftad la falanje macedonia
i de mil i feifcientas picas formenla,
i por cuarenta en frente i fondo cuadrẽla
de gente del infierno ferozifsima,
i de feffenta i uno en frente enfancheffo
por hileras que el fondo dellas veaffe
de veinte i feis, fin las vanderas, pifaros,
las caxas, i catorze que del numero
de los mil i feifcientos aqui fobrenme,

los cuales luego a las vanderas llevenfe,
i de rayos de Iupiter guarnezcanme
con los arcos, las hondas i falaricas
efta falanje o efcuadron indomito
invenzible bravifsimo i mortifero
terrible i hermofifsimo en cuadrangulo
de gente i de terreno geometrico,
cual de mil i feifcientas picas perfidas
me formais la falanje macedonia
mentirofos miniftros de mi exercito?
fi de ocho mil i cien fariffas orridas
i mas noventa i dos tiene fus numeros?
que ya doblados Alexandro mueftralos
pues con dos deftas del Oriente veole
conquiftador, cual yo lo foi del Artico,
i venir del gran Dario las bravifsimas
inumerables gentes, cual yo vençole
eftas fus dos falanjes, que llamavades
vofotros iuencibles, prefto abrafenfe
no quede dellas ombre a vida, viertaffe
corra la fangre en rios profundifsimos,
que en arrimando yo la efcala fubome
fubome yo traidores al olimpico
fobervio Rei tonante atroz i armigero
i defmantelo todo el Arcipielago
celebre triunfo fama eroica i celebre
vereis deftas entrañas, dõde en viendolas
el fuego dellas quemarà el del tartaro,
fon mis pies eftos? buelo yo i afirmolos?
es aire donde eftribo? o fon los marmoles
del palacio cruel de Reyes Vngaros?
no cabe ya en la tierra el alto efpiritu
q̃ en efte pecho de diamante encierraffe

pero porque mirais con caras horridas
vofotros? o por donde a los altifsimos
carros blancos del Sol, negros Etiopes,
fubis tras mi con buelo tal figuiendome?
vencerme a mi? fon eftas armas debiles
armas fon effas para mi rediculas,
bivoras me arrojais culebras i afpides?
con el aliento folo yo confumolas,
miniftros fuertes de mi esfuerço i animo.
Capitanes foldados armas maquinas,
militares bravifsimos exercitos,
Antropofagos Leftrigones Ciclopes,
mundos, infiernos, manos mias folidas
mas que diamãtes i mas fuertes i afperas,
dadme aqui montes de pefantes porfidos
con que fepulte eftos gigantes perfidos,
     Viertaffe corra la fangre
no quede perfona biva,
todos mueran nadie biva
todo el mundo fe deffangre,

Ricard.   Vioffe fiereza mayor
en ombre alguno jamas?

Flamin.   nombre de fiero le das,
llamale el mifmo furor.

Ricard.   Defgracia la nueftra fue
aqui encerrarnos con el.

Flamin.   prefto morira el infiel
fegun yo creo i fe vee

Atila.   Quien oye? quiẽ habla aqui?
quien me mira?quien me efcucha?
quien con eftos ojos lucha
con que muerte a Celia di?

    Yo a vos mi Celia di muerte?
antes a mi me la den
mil relampagos que eften
dentro de mi pecho fuerte,

    Sois vos mi vida, mirad
como muerte os dare yo?
fi, muerte os è dado, no,
mentis, yo digo verdad,

    Cualquier que ofare dezillo
miente fi toma effa emprefa
que el cuchillo de la mefa
vino a fer vueftro cuchillo,

    I yo el cuchillo è de fer
por vueftra vengança fola
de las banderas que arbola
toda mi potencia i fer,

    Todo mi fer i potencia
que es la tierra infierno i cielo
à de convertirfe en yelo
quemado en vueftra prefencia.

    Perdonenme las damas que fon idolos
de los damos de corte donde plantalos
el vicio, i de la guerra yo defpidolos
porque ella con el nombre folo efpatalos

    Luego a fus vanas ambiciones midolos,
i afsi la corte en Babilonio encantalos
que es Ticio cada cual, Tantalo i Silifo,
por mano de Megera Aleto i Tififo.

Flamin.   Tififo Aleto i Magera
creo que eftan en tu pecho,
que infierno de furias hecho
le tiene tu furia fiera.

Atila.   Iras furores efpantos
grimas portentos encantos
manos arrijad aora,
moftad furia vengadora
llena de muertes i llantos,
    Hazed ceniza al traidor
con fiero affombro i orror,
con tormentos infernales,
fi eftà protervo en fus males
fed protervo executor.

Flamin.   Como la fobervia reina
en el tirano cruel,

Ricard.   cual es tirano Rei el
ella es del tirana Reina.

Atila.   q̃ en el bravo fuego orrẽdo,
donde como veis pretendo
a todo el mundo encender
ya fiento mi pecho arder,
ya en el me abrafo i me enciẽdo
    Donde eftà la fortaleza?
donde horrenda braveza?
venga, venga, donde efta
ela, ela aqui que ya
prueva fu fuerça i deftreza?
    Es por de mas auq̃ en el ciego abifmo,

no me congoxes mas Gerardo calla,
elo de aver contigo o con el mifmo?
no è de entrar yo con el aqui en batalla?
no puede defenderle el barbarifmo
ni refiftirle puede una muralla,
que ni el celefte curfo podra tanto
ni el bravo Rei del Reino del efpanto,
  Yo biẽ pudiera eftando alli efcõdido
a Gerardo falir, i en aquel puefto
dexalle muerto como yo i herido
i fuerame yo al Rei contandole efto,
luego ya de mi Celia foi marido?
mirad como fe paffa el tiempo prefto,
llevaffe el viento mui aprieffa el cielo
veislo? mirad que largo lleva el buelo,
  viertaffe corra la fangre
no quede perfona biva
repente furia, furia intempeftiva
mis entrañas mortiferas deffangre,
  Que aveis hecho feñora a nueftro paje
que en traje de muger es pagezillo?
o vellaco traidor i que lenguaje,
al entrar por la puerta, al balconcillo,
Ricardo disfraçado lleva el traje
no puede el Rei fabello ni fufrillo,
corre prefto por el bolando i trailo
mientras con el amor un rato bailo,
  O fuego que me abrafas las entrañas,
agua, agua traed, matà efta llama.
o amor malino cuales fon tus mañas,
que eftallidos, que furia, como brama,
afsi perverfo a quien te adora engañas
con las fangrientas trompas de la fama?

elado va corriendo, hala, hala,
que bravo fuego, que donaire i gala,
    En tal gozo tal recelo?
cuando tal fuego tal yelo?
en tanta paz tanta guerra?
tan arrojado por tierra
cuando levantado al cielo?
    Por aquellos refquicios de la Luna
veo yo de mi muerte las feñales,
es la rueda veloz de la fortuna
tormento de los miferos mortales,
eres Fenis, mi Celia, fola una
en bellezas i gracias celeftiales,
pero como en la Reina te trocafte?
como el hermofo roftro afsi afeafte?
    No me perfigas mas fombra
quien me llama? quien me nombra?
huye terrible fantafma
el coraçon fe me pafma
i la vida fe me affombra,
    Celia que gefto es effe afsi amarillo?
i effe de furias tan tremendo enxambre?
que de mi vida acabas ya el ovillo?
que rematas la tela i el eftambre?
que lo quieres cortar con el cuchillo?
que es efto cuerpos i almas es calambre?
donde quieres llevarme con tal fuerza?
efpera muerte, vete, quien te fuerça?
    Pero ya mi muerte infiel
ya veo quien me deftruye.

Ricard.   Flaminio guardate, huye,
quitate delante del,

> Huye, efcondete comigo,
> no te turbes, guarda, ven,

Atila.   bien afido os tengo, bien,
            muerte, mi fiero enemigo,

Flamin.   Ai, ai de mi defdichada,
            Ricardo focorreme.

Ricard.   como te focorrere
            contra beftia tan airada?

Atila.   Ven muerte que al hondo abifmo
            afidote te è de llevar,
            i alli tengo de reinar
            como reina tu Rei mifmo.

Flamin.   Atila, Atila, Señor,
            fuelta, conoceme amigo,

Atila.   Ven, ven, corre, ven comigo,
            figueme muerte traidor.

Flamin.   Ai, ai de mi, que me muero,

Atila.   ai, ai de mi,que foi muerto,

Ricard.   muerto eftà, murio ya cierto,
            i al otro ahogo primero,
              O mancebo mal logrado,
            o Rei defdichado i trifte,
            que demonio te enveftifte?
            que furia en ti fe a encerrado?

O mas cruel que el demonio,
o muerte bien merecida
como feras de fu vida
claro exemplo i teftimonio,
    Vn negro caño le mana
de fangre por las narizes,
o fangre cuan claro dizes
fu fed de la fangre umana,
    Que fue tan fiera i tan brava
tan inorme i del infierno
que açote de Dios eterno
todo el mundo te llamava,
    Quien dira las crueldades
defte Rei fobervio i ciego?
las bravas muertes el fuego
de gentes i de ciudades?
Quien fin herir las eftrellas
con mil fufpiros ardientes
dira las muertes dolientes
de aquellas dos mil donzella
    Que viniendote a rogar
por mifericordia i paz
tu por tu gufto i folaz
las mandafte degollar,
    Por cuya fangre vertida
con fiereza tan eftraña
effa que tu cuerpo baña
te acaba la airada vida,
    O jufta paga i caftigo
i jufto infierno al que vas
pues fuifte de Satanas
tan grande fecuaz i amigo,

O Rei que el mundo goviernas
folamentecon mirar
haz, Señor, confiderar
eftas jufticias eternas.

Ricardo. Ataulfo. Xanto. Tebaldo. Lotario

Ataul.   A de tragarfe la furiofa tierra
efte Palacio? à de affolarlo el cielo?

Xanto.   Donde fue el Rei? do le llevò fu furia?

Ricard.   al punto eftremo de miferia eterna,
ele alli donde eftà, muerto matando,
muerto vertiendo fangre como en vida.

Tebald.   Vioffe jamas tan miferable muerte
en Rei tan valerofo i tan notable?

Lotar.   O bueltas rigurofas de fortuna
quien en tus cofas tiene confiança?

Tebald.   mirad el Rei que ayer tenia el mundo
atonito i pafmado con fus cofas,

Lotar.   el que affombrava con el nombre folo
las gentes masferozes i fobervias.

Tebald.   Efte es, valientes capitanes fuyos
por quien el à tenido mil vitorias,
aquel valiente Atila, aquel famofo
que por affombro todo el mundo llama
açote fuerte del airado cielo.

IORNADA TERCERA. 119

Lotar. O bueltas rigurosas de fortuna
quien en tus cosas tiene confiança?
Tebald. mirad el Rei que ayer tenia el mundo
atonito i pasmado con sus cosas.
Lotar. el que assombrava con el nombre solo
las gentes mas ferozes i sobervias.
Tebald. Este es, valientes capitanes suyos
por quien el à tenido mil vitorias,
aquel valiente Atila, aquel famoso
que por assombro todo el mundo llama
açote fuerte del airado cielo.
Xanto. Este es el que dezis, i es tambien este
el que por su ambicion i su sobervia
i por su crueldad incomparable
viene a morir tan miserablemente,
este es aquel que a Bleda ermano suyo
i padre mio, muerte dio tan fiera,
este es aquel que con las fieras gentes
de los incultos montes Iperboreos
i del aspero Caucaso fragoso
i de las frigidissimas riberas
de los elados intratables mares
i del furioso Tanais sobervio,
discurrio por Vngria i Austria i Bosna
i todas las riberas del Danubio,
i en Servia i Tracia Acaya i Macedonia
i en Tesalia, talando i destruyendo
cual rayo celestial, o como el fuego

mas

80

Xanto.   Efte es el que dezis, i es tambien efte
el que por fu ambicion i fu fobervia
i por fu crueldad incomparable
viene a morir tan miferablemente,
efte es aquel que a Bleda ermano fuyo
i padre mio, muerte dio tan fiera,
efte es aquel que con las fieras gentes
de los incultos montes Iperboreos
i del afpero Caucafo fragofo
i de las frigidifsimas riberas
de los elados intratables mares
i del furiofo Tanais fobervio,
difcurrio por Vngria i Auflria i Bofna
i todas las riberas del Danubio,
i en Servia i Tracia Acaya i Macedonia
i en Tefalia, talando i deftruyendo
cual rayo celeftial, o como el fuego
mas fuerte i rigurofo del infierno,
i aquel que fue ocafion que en una fola
batalla, que con Ecio en Francia tuvo
fobre Tolofa junto al gran Garona
quedaffen en los campos catalanes
dozientas mil perfonas degolladas
i entrellas Teodorico Rei de godos,
pues q̃ en Bergamo hizo? q̃ en Cõcordia?
que en Verona, Milan,Vicencia i Brefa?
i que en Pavia, en Mãtua i en Cremona?
que en Aquileya con furiofo fuego?
que en Alemaña con vertida fangre?
i que fuera de ti famofa Roma
fi cuando tu Leon falio llorando
a pedir paz a efte Leon fangriento

la vifion milagrofa de los viejos
tus patrones no viera Pedro i Pablo?
i que penfavas que de aqui adelante
hazer penfava efte furiofo açote
de Dios, fi efta furiofa muerte aora
no le matara aquella fu infaciable
fed de verter umana fangre tanta
que corrieran mil rios por la tierra
cuales los que corrieron en Tolofa?
　　O caftigos juftifsimos del cielo,
quien tan fin alma de los ombres bive
que no repare con temor inmenfo
en efte memorable exemplo vueftro?

Ataul.　　Cefe Xanto el hazer memorias tales
i en lo que mas conviene fe de el orden,
effe paje de alli fe lleve, i luego
al Rei dentro pongamos en fu cama
de donde con fu pompa fea llevado
a fu ya dedicada fepultura.

Lotar.　　afsi es mui jufto que fe haga al punto.

Tebald.　　afsi es mui jufto que fe haga al punto.

Tragedia.

Con eftos cafos dolorofos,vueftra
vida mortal, umanos reprefento,
afsi os doi verdadera i clara mueftra
del umano contento i defcontento,
pues, la prudencia iluftre que os adieftra

(de mas del gufto i entretenimiento)
procure en cada cual facar dotrina
con que defpierte en fi virtud divina.

Fin de la Tragedia del fiero Atila.

¡Sssssshhhhhhhhhh!

Haz del teatro algo íntimo
Llévalo siempre en el bolsillo

Cubierta y diseño editorial: Éride, Diseño Gráfico
Dirección editorial: ángel jiménez

Primera edición: mayo, 2025

Atila furioso
© Natalia Llorente
© VdB, 2025
Espronceda, 5
28003 Madrid

VdB®

ISBN: 979-13-87644-06-2
Depósito Legal: M-8461-2025
Diseño y preimpresión: Éride, Diseño Gráfico

Este libro protege el entorno

Atila furioso

adaptación de la obra
de
Cristóbal de Virués

Esta obra formó parte de la programación
de la 47a edición del Festival Internacional
de Teatro Clásico de Almagro.

Dirección: Irene Pardo.

Natalia Llorente
(Madrid, 1991)

Actriz, dramaturga y directora. Graduada en interpretación textual con matrícula de honor por la Real Escuela Superior de Arte Dramático de Madrid. Licenciada en Periodismo por la Universidad Complutense, inicia sus estudios en Dramaturgia y Dirección de escena en la RESAD y un taller de escritura dramática en la Sala Beckett.

Interesada en el Siglo de Oro español, en 2018 funda junto a dos compañeras la compañía «Los Martes No», participando en la obra *La Margarita del Tajo,* de Ángela de Acevedo, y en *La Infanta y Apolo* a partir de textos de Sor Juana Inés de la Cruz.

En 2020 realiza una Residencia Artística amparada por el Teatro de la Abadía en el Corral de Comedias de Alcalá. En 2021 pasa a formar parte del elenco de *El animal de Hungría* de Lope de Vega y en 2022 es seleccionada como actriz por Fundación Siglo de Oro con la que estrena otras tres obras de Lope. En el 2023 estrena *El hospital de los locos* auto sacramental de José de Valdivielso y la obra *Valor, Agravio y Mujer* de Ana Caro Mallén con la Compañía Nacional de Teatro Clásico. También forma parte de la investigación escénica del texto de Cervantes *La casa de los celos y selvas de Ardenia.* Desde el 2023 lidera el proyecto Taquikardia con el fin de llevar a la escena y dirigir textos que entrelacen lo de hoy y lo de ayer desde una visión creativa y artística femenina.

Con su adaptación de la obra *Atila Furioso* de Cristóbal de Virués obtiene el premio a la mejor dirección novel en la XIII edición del Certamen Internacional de Teatro Clásico Almagro Off 2024. A finales del mismo año es seleccionada por la Academia de las Artes Escénicas de España para la II edición del Proyecto ROAD de directores de escena, donde puede iniciar la investigación en residencia de su proyecto *Love in many masks.*

Natalia Llorente

Atila furioso

adaptación de la obra
de
Cristóbal de Virués

Esta obra se estrenó en el Teatro Municipal de Almagro,
el 23 de julio de 2024, siendo ganadora de la XIII Edición
del Certamen Internacional de Teatro Clásico Almagro Off 2024
e interpretada por Gabriel de Mulder (Gerardo),
Mery Gregorio (Reina), Ignacio Jiménez (Atila),
Natalia Llorente (Flaminia), Juan Carlos Mesonero (Ricardo)
y Magali Parra (Celia).

·

Dirección: Natalia Llorente.

?

A mi madre

Introducción

Para comprender toda la riqueza de esta obra teatral, su contexto, sus fuentes, su impacto, sería necesario un estudio académico riguroso, y sería absolutamente intrépido por mi parte haceros pensar que estamos ante una edición crítica de esta obra de Cristóbal de Virués. No lo es. Esto es solo la invitación a mirar un poco más de cerca esta joya escondida y generar un diálogo entre la obra original del autor y esta versión realizada desde la modestia y el absoluto respeto por nuestro teatro clásico español.

Alguien con autoridad en materia teatral me comentó en una ocasión que las obras olvidadas no es que se hayan quedado antiguas u obsoletas, sino que simplemente, están hibernando, a la espera de ser redescubiertas por nuevas miradas que se atrevan también a llevarlas a escena y dotarlas de renovadas vigencias. Impulsada por la firme intención de continuar indagando en la literatura del Siglo de Oro, e insistir en el descubrimiento y recuperación de autoras y autores de nuestro teatro áureo, nace esta versión de la obra homónima *Atila Furioso* de Cristóbal de Virués.

Nació nuestro autor en Valencia hacia 1550 en el seno de una familia dedicada al cultivo de las letras y aunque poco sabemos hasta

ahora de su vida personal más allá de su condición de militar y su participación en la batalla de Lepanto, sí sabemos que fue admirado por sus contemporáneos. Sin ir más lejos, Cervantes lo halaga en *El Quijote*, lo cita también en *La Galatea* y lo incluye entre los autores dignos de ser recibidos por Apolo en su *Viage del Parnaso*. Considerado también una clara influencia en los trabajos dramáticos de Tárrega y Guillén de Castro, parece ser que el propio Lope de Vega le atribuyó la introducción del drama en tres actos, y aunque, Cervantes se lo adjudicó a Andrés Rey de Artieda, sí deja claro que Virués formó parte de un grupo de dramaturgos que estaba transformando el teatro español, y buscando nuevas formas estéticas, poéticas y formales de narrar las grandes pasiones humanas.

El universo de Virués está profundamente marcado por la herencia de Séneca y por el teatro italiano de Giraldi, donde la violencia desmedida, los monólogos introspectivos, la construcción simbólica y la acumulación de incestos, lujurias, crímenes y horrores buscaban superar los límites de lo trágico. Para Virués, esto invitaba al espectador a mirar de frente los abismos de la vanidad humana e introducir una reflexión moral y catarsis política. Y es que, aunque no alcanzó éxito escénico en su tiempo, ni se sabe quién lo representó ni cuándo ni dónde, anticipó con enorme lucidez elementos que más tarde alimentarían el resto del teatro barroco: la mezcla

de formas métricas, italianas y españolas, la introducción del romance, y el gusto por la sorpresa, el suspense y los juegos de poder.

Calificada en ocasiones de excesiva y desordenada, *Atila Furioso* se inscribe en lo que algunos han denominado teatro del horror, espacio donde el exceso encuentra una expresión lírica y política. Es crucial subrayar la crítica constante que Virués hace de la ambición y la codicia en la corte, y la censura contra el ejercicio autoritario y tiránico del poder, motivo de disputa entre sus personajes y causa principal de la destrucción. Virués muestra un evidente rechazo frente al comportamiento de monarcas arbitrarios y enloquecidos por la soberbia.

Sin embargo, el gran público que llenaba los corrales de comedias estaba ávido de situaciones entretenidas, personajes divertidos y finales felices, y por eso algunos estudiosos atribuyen su fracaso y letargo posterior a este ataque a la figura real. Virués a través de una tragedia al estilo griego con un final espeluznante no buscaba el éxito fácil. Quería mostrar con desmesurada crudeza el abuso de poder y sus consecuencias a través de un personaje legendario conocido ya por su crueldad.

Hoy esto todavía nos cuestiona e interpela, y nos obliga a hacernos algunas preguntas que junto a la belleza de sus versos también motivaron los inicios de esta versión: ¿Qué es el poder? ¿Hacemos un buen uso de él? ¿Qué es el miedo? ¿Qué es el deseo? ¿Qué es la traición?

Otra de las premisas principales que motivó la búsqueda de un texto para ser representado, era la de encontrar un personaje femenino dentro del Siglo de Oro que funcionase como núcleo central de la historia y que pudiésemos además darle una nueva dimensión contemporánea. De las cinco tragedias que escribió Cristóbal de Virués y que se incluyen en el volumen *Obras trágicas y líricas* de 1609, cuatro llevan en el título un nombre de mujer: *Marcela, Casandra, Elisa Dido y Semíramis*. Tendencia heredada de Italia de poner a las mujeres en el centro de la acción dramática otorgándoles una voz poderosa y compleja.

Sin embargo, en *Atila furioso*, donde Virués coloca al rey de los hunos en el centro de la acción, resultaba factible y muy tentador convertir a las mujeres víctimas del tirano en principales protagonistas del conflicto y desplazar la atención hacia ellas. La obra no solo contaba con ese personaje femenino que andábamos buscando, sino que había otras dos mujeres más que apoyaban una trama que ponía en evidencia la herencia del abuso de poder.

En un mundo en el que las mujeres han de jugar sus mejores cartas para sobrevivir a la devastadora violencia a la que son sometidas por un hombre con careta de conquistador, ya era en el siglo XVI una obra sobre mujeres. La constante sensación de peligro, los abusos, la culpa, los celos, la desesperación y el amor

malentendido se suceden en esta obra entre las tres mujeres que orbitan alrededor del tirano.

La obra se había convertido en un hallazgo: tenía por un lado la obligación de exhumar a un autor influyente y olvidado, la obligación de recuperar una obra que supuso la revisión de un modelo y también la posibilidad de poner en valor personajes femeninos y en especial a Flaminia, rol protagonista que a lo largo de la historia había sido calificada como uno de esos personajes pertenecientes a ese grupo de mujeres fatales, bellas y ambiciosas que utilizan su atractivo para manipular al rey y conseguir sus propios fines.

Es precisamente desde este punto donde se construyen los pilares fundamentales de esta versión. No podemos pasar por alto que esta dramaturgia fue concebida con la intención de ser representada, y que algunas de las decisiones que se tomaron estuvieron sujetas a factores de producción, pero no por eso deben ser entendidas como limitaciones.

Más allá de estos aspectos específicos, esta versión de *Atila Furioso* nace con la intención clara de condensar y reforzar la acción principal. Para lograrlo, era imprescindible entender esa reinterpretación del personaje de Flaminia desde una perspectiva contemporánea y feminista que le otorgara al personaje una mayor agencia y profundidad emocional, entendiendo que su ambición y deseo de poder se presentan como respuestas

a un entorno opresivo y como un acto de resistencia, y alejándola del estereotipo de mujer manipuladora para mostrarla como una
figura trágica atrapada en sus propias decisiones y circunstancias.

Lo primero que se hizo fue reducir el nú-
mero de personajes. La obra original de Virués cuenta con un total de dieciséis personajes, muchos de los cuales solo aportaban
información y no siempre eran esenciales para
el desarrollo central de la trama. Decidimos,
entonces, quedarnos con seis personajes que
tuvieran, cada uno una acción clara, y lo más
importante, una relación personal y directa
con el rey Atila y con Flaminia, eje central del
conflicto, lo que les otorgó una mayor rele-
vancia dentro de la obra. Los personajes se-
leccionados fueron: Atila, Flaminia, Gerardo
—que combinaría los roles de consejero y traidor—, la Reina —esposa de Atila, enamorada
de Flaminia/Flaminio—, Ricardo —su primo
y militar— y Celia, reina de Dalmacia objeto
de deseo final de Atila.

Esto supuso una reorganización y fusión
de personajes y parlamentos, con sus respec-
tivos cortes y ajustes, respetando siempre el
verso original y con el objetivo de agilizar la
narrativa y centrarla en lo esencial. Otro de
los cambios mas significativos fue la reorganización del inicio de la obra. En la versión original, la primera escena se desarrollaba entre la Reina y Flaminia, pero en nuestra versión decidimos situar desde el inicio a Atila

y mostrar su tiranía. Así se estableció el contexto de manera inmediata, presentando a Atila como un líder despiadado, mientras se introducían también el resto de los personajes. Se matizó también la figura de Flaminia, eliminando la representación excesivamente negativa de su carácter, lo que permitió una reinterpretación más compleja y rica de su personaje.

Prescindimos de dos personajes singulares que aparecen en la original: Prólogo y Tragedia, que en la versión de Virués aunque aportaban una dimensión didáctica, característica de muchas de sus piezas, decidimos suprimir por una cuestión de dinamismo y agilidad.

Otro de los cambios más significativos fue la tercera jornada, en la que la locura de Atila se vuelve incontrolable, y condensamos lo referente al día de su boda para reforzar la intensidad emocional. Los parlamentos de Atila, en lugar de centrarse en batallas, se enfocaron en su relación con la Reina, Celia y Flaminia, lo que contribuyó a fortalecer la aparición de fantasmas e intensificar la carga dramática.

En definitiva, este proyecto buscaba rescatar y reivindicar nuestro patrimonio cultural. Al igual que el flamenco o la música tradicional, el teatro clásico español debe encontrar su lugar dentro de la cultura popular ya que el teatro del Siglo de Oro es una parte fundamental de nuestra identidad y de nuestra historia,

y debe ser protegido y valorado. La verdadera aspiración es que alcance una mayor repercusión y lo sintamos como algo propio. De hecho, para mí es casi un acto de resistencia cultural: el Siglo de Oro español no puede ser solo patrimonio de académicos o especialistas, el Siglo de Oro tiene que hablar de nuestro tiempo y de nuestra historia y hay que escuchar lo que tiene que decir. *Atila Furioso*, aunque escrita hace más de cuatro siglos, resuena todavía hoy con fuerza, rabia y belleza.

Me siento profundamente agradecida a todas aquellas personas que han impulsado y apoyado este proyecto. A cada una de vosotras, que ya sabéis quienes sois, gracias. Vuestro coraje, vuestra intuición y amor profundo por lo que hacemos han sido fundamentales para hacer también posible esta publicación, que recoge una parte de este nuestro furioso viaje.

Personajes

ATILA	Rey de Hungría
REINA	Su mujer
FLAMINIA	Su paje y amiga
GERARDO	Su consejero
RICARDO	Su primo y general
CELIA	Reina de Dalmacia
GUILLERMO	Rey de Esclavonia

Jornada primera

ATILA, *la* REINA, GERARDO *y* FLAMINIA *siempre en hábito de hombre.*

ATILA   Yo siento tanto una pequeña injuria,
que estoy, hasta vengarme, ardiendo en fuego,
y así, si ahora muestro enojo y furia,
no os espantéis de mi desasosiego.
Ya sabéis que ni en Francia ni en Liguria   5
valió contra mi enojo fuerza o ruego.
Ya os acordáis del fuego de Aquileya,
cual el que vio Nerón desde Tarpeya.
A un tiempo, como veis, me han ofendido
el rey de Esclavonia y la insolente   10
reina del Epidauro: habiendo sido
cada cual a mi edito inobediente,
no me dan el tributo que he pedido,
antes hacen conmigo del valiente.
¿Así se menosprecia y se aniquila   15
el rey de reyes y de Hungría, Atila?

GERARDO   Ya, señor, no te debe dar cuidado
eso, sino contento y regocijo,
pues tu primo Ricardo, como siempre
tú de tus enemigos has tenido,   20
ha ya desos tenido la vitoria,
que mañana veremos entregándote
al Rey y Reina presos, y dejando

por tuyos los dos reinos conquistados.
Y así, regocijado ya y contento   25
es razón que te tenga la venganza
que destos enemigos ya has tenido,
y la que te será mañana viéndolos
traer cautivos ante tu presencia.
Y ahora, si te sirves, la memoria   30
desta consulta podrás ver.

ATILA   Leelda.

GERARDO   El capitán Valerio de Sicilia,
            que fue cautivo en Lípar con su gente
            en la galera capitana...

ATILA   ¿Solo?

GERARDO   Toda su chusma y todos sus soldados   35
            están presos con él.

ATILA   Pues en el río,
            hágase una galera cual la suya
            con toda diligencia, y para el día
            primero de la fiesta que viniere,
            puesta toda esa gente en la galera,   40
            cada cual, en su posta, de la suerte
            que para pelear se pone en orden,
            le darán fuego, habiéndome avisado,
            al punto que yo mande, y que esté junto
            el pueblo en la ribera, porque goce   45
            del notable espetáculo y castigo.

GERARDO   Lario, el gobernador de Ratisbona
que fue visitador de Nuremberga,
por la sospecha...

ATILA   ¡Ya basta! Mañana
le ahorquen de una almena de palacio   50
que esté sobre la puerta, de manera
que, cuando los esclavos que aguardamos
entren, esté colgado como digo.

GERARDO   ¿Está apuntado?

FLAMINIA   Sí.

ATILA   Pasa adelante.

GERARDO   Los tres hermanos que a su padre dieron   55
escapo de la cárcel de Lovaina,
adonde estaba preso había seis años
porque, sin los poder pagar, debía
dos mil ducados a la Real Cámara...

ATILA   Háganlos cuartos a esos tres hermanos   60
y pónganlos en palos esparcidos
todos a la redonda de la cárcel.

GERARDO   El romano que trajo la embajada
de todos los lugares de la Marca...

ATILA   ¿Aquel villano que tan libremente   65
habló, y tan sin respeto, en mi presencia?
Las narices y orejas y la lengua
a ese le cortad, y así envialde

respondiendo a los pueblos que yo entiendo
volver presto a Italia a su contento.   70
¿Hay otros en la lista?

GERARDO   Las mujeres
que se trajeron de Bohemia presas.

REINA   ¿Las que se defendieron en el fuerte?

GERARDO   Las que se defendieron en la torre,
aguardando el socorro veinte días,   75
y por hambre se dieron a la postre.

ATILA   ¿Cuántas son ellas?

GERARDO   Son cuarenta y cinco.

ATILA   Pónganse todas ellas en la torre
más baja del castillo, repartidas
de dos en dos por entre las almenas,   80
de suerte que se vean, bien atadas,
y no se abra la torre en modo alguno
hasta que allí mueran de hambre todas.
¿Hay más que despachar?

GERARDO   No por ahora.

ATILA   Pues solo me dejad hasta mañana,   85
que vendrán esas gentes vencedoras
y el cautivo y cautiva que esperamos.

GERARDO   Harase de la suerte que nos mandas.

(*Vanse todos. Queda* ATILA.)

ATILA   Aborrézcame el mundo, y aborrezcan
mi nombre y mi presencia mis vasallos,   90
y sea aborrecible a cielo y tierra,
como me tema el mundo y como teman
mi saña y mis castigos mis vasallos,
que es cosa de mujeres ser amables
y de varones es el ser temidos.   95

(*Vase* ATILA. *Salen la* REINA *y* FLAMINIA.)

REINA   Cuando con luz pura y clara
mi triste imaginación
en tu cuerpo y alma para,
veo un ángel en tu cara
y un tigre en tu condición.   100
Veo en ti tanta aspereza,
Flaminio, y tanta beldad,
que creo con gran firmeza
que es tu cuerpo la belleza
y tu alma la crueldad.   105
¿Posible es que no me entiendes?
¿Posible es que disimulas,
y que en mis ojos no aprendes
la llama que en ellos prendes,
y el mal con que me atribulas?   110
Mira quién te ama y adora;
mira quién te adora y ama.
Advierte, Flaminio, ahora,
que soy tu reina y señora,
que soy tu esclava y tu dama.   115

FLAMINIA No sé, reina, a qué atribuya
     tus razones tan estrañas.

REINA   A que soy del todo tuya
     y a que ya no hay donde huya
     sin llevarte en mis entrañas.   120

FLAMINIA Mira bien cuánto desdice
     para con tu esclavo y paje
     eso que tu lengua dice,
     y cuánto se contradice
     con la razón tu lenguaje.   125

REINA   Más de lo que yo querría
     muestras tu poca experiencia.
     Flaminio, la pasión mía
     es de amor, y amor desvía
     de sí razón y prudencia.   130
     Cuanto más que es gran razón,
     y no falta de cordura,
     darte el alma y corazón,
     pues por paga a mi pasión
     basta ver tu hermosura.   135

FLAMINIA Esme, señora, tan nuevo
     recibir ese favor,
     que del todo le repruebo
     y digo que no me atrevo
     a creer que es eso amor.   140
     Digo en efeto, señora,
     que no creo que es verdad
     lo que me dices ahora,
     sino probar si atesora

mi pecho fe y lealtad.　　　　　145
Pues sepa su Alteza cierto,
y desto segura esté,
que primero seré muerto
que se vea desconcierto
en mi lealtad y fe.　　　　　　150

REINA　　Adivinaste mi intento,
viste mis razones vivas.
Probar fue mi pensamiento.
Vete ya.

FLAMINIA　　　　Voy muy contento.

REINA　　Ven acá. ¿Que ya te ibas?　　155
No disimules ya más,
Flaminio, no seas cruel.
Mira cuán estraño estás
y, viendo el mal que me das,
no te precies de tan fiel,　　　　160
que esa tu fidelidad,
aquí tan en daño mío,
es notable crüeldad,
y no tenerme piedad
es ofensa y desvarío.　　　　　165

FLAMINIA　　Reina mía, no te alteres
ni tengas a mal lo hecho.
Haz de mí lo que quisieres,
que cuanto de mí hicieres
estará a mi gusto hecho.　　　　170
Es la gloria en que me pones
tan desigual a mi ser,

que, aunque a dalla te dispones
con tan divinas razones,
no la podía creer.   175
Presto estoy a darte gusto
en cuanto quieras de mí.
Ora sea injusto o justo,
no puede darme disgusto
lo que te dé gusto a ti,   180
que, aunque perdiese la vida
y mil, si tantas tuviera,
es, siendo por ti perdida,
gloria jamás merecida
de quien más que yo soy fuera.   185

REINA   Si pudiese no creerte,
             creo que no creería
             que te truecas de esa suerte,
             habiendo estado tan fuerte
             con mi amor y tu porfía.   190

FLAMINIA   Asegura el corazón
             y cree que siente el mío
             muy de veras tu pasión.

REINA   No mostraba esa intención
             tu riguroso desvío.   195

FLAMINIA   Ahora la mostraré,
             pues te prometo servir
             con tanta afición y fe,
             que, si en lo pasado erré,
             lo enmiende en lo por venir.   200
REINA   Si lo que prometes haces,

            sabe, Flaminio querido,
            que a tu mismo ser aplaces,
            y un corazón satisfaces
            que a ti solo está ofrecido.   205

FLAMINIA   Harelo sin falta alguna.

REINA   Por fuerza te he de creer,
            y, en ocasión oportuna,
            si ahora soy importuna,
            prometo agradable ser.   210

FLAMINIA   Inmenso contentamiento
            me das con esa palabra.

REINA   Ten por fe el ofrecimiento,
            y con él a mi aposento
            me voy, antes que el Rey abra.   215

FLAMINIA   Dios con vuestra Alteza vaya.

REINA   Y él te guarde más que a mí.

FLAMINIA   Amén. Plega a Dios, y caya
            esa bendición a raya,
            como la dices así.   220
            (*Vase la* REINA. *Queda* FLAMINIA.)
            ¿Hay disparate en la tierra
            que al de la Reina se iguale?
            Pues, a fe, que en esta guerra...
            No sé qué puerta se cierra.
            Gerardo es el que sale.   225

(*Sale* Gerardo.)

Gerardo   Por una tan linda fiera,
que en su rostro se retrata
todo cuanto bien se espera,
ardo en la más alta esfera
do el fuego nunca se mata.   230
Y si esperanza tuviera,
pasara el mal que me mata;
mas con pena estraña y fiera
estoy preso do quien se ata
ser libre jamás espera.   235
¿Cómo, puesto en tal estrecho,
no tengo de ser cobarde,
estando en llamas deshecho
y habiendo tan largo trecho
del agua al fuego que me arde?   240
No siente, ¡oh Reina!, tu pecho
el fuego en que el mío arde.
Y así, quemado el pertrecho,
llegará el socorro tarde:
seré ya ceniza hecho.   245

Flaminia   Gerardo, sin que más abras
las puertas del corazón,
en el sentido y el son
de tus ardientes palabras
se muestra bien tu pasión.   250
Es por la Reina, y a mí
tan clara cuanto la que ella
tiene, Gerardo, por ti.
¡Dichosa de amor centella
que en dos almas prendió así!   255

GERARDO ¿Tal cosa decirme osaste,
Flaminio? ¿Qué dices? ¿Cómo
a decir tal te arrojaste?
Advierte qué peso y tomo
tiene lo que así afirmaste.   260
¿Por la Reina pasión yo?
¿Pasión la Reina por mí?
Mal, cierto, el son se entendió
de mis palabras por ti.

FLAMINIA Mal grande amor se encubrió,   275
y es lo que más te conviene
el no encubrirte de quien
dentro de su pecho tiene
algo muy bueno del bien
que penando te entretiene.   280
Digo, señor, en efeto,
que sé que la Reina siente
tu pasión y tu secreto.

GERARDO Pero si ella lo consiente
no lo sabrás; yo prometo...   285
Mas dejemos, que me ofendo,
estas burlas, por tu vida.

FLAMINIA Gerardo, todo lo entiendo.

GERARDO Pues, Flaminio, a ti encomiendo
esta alma triste, afligida.   290

FLAMINIA Ten seguridad de mí.

GERARDO Téngola, sin duda alguna.

FLAMINIA   Señor, el Rey viene aquí.

GERARDO   En hora más oportuna
               hablaremos los dos.

FLAMINIA   Sí.   295

(*Sale* ATILA. *Vase* GERARDO. *Queda* FLAMINIA.)

ATILA   A quien la injuria el ánimo no ofende,
               no le den entre hombres de hombre nombre.
               Quien con injuria el ánimo no enciende,
               no debe ser llamado entre hombres hombre.
               Quien, sin vengarse de la injuria,
                                    [entiende   300
               entre los hombres alcanzar renombre,
               no tiene frente digna de corona,
               no merece respeto su persona.

FLAMINIA   Rey de los reyes del suelo,
               el del cielo te dé vida.   305

ATILA   Y a ti, Flaminia querida,
               te guarde para mi cielo.

FLAMINIA   Señor, su Alteza no nombre
               al hombre como mujer.

ATILA   ¿Pues qué, hombre quieres ser?   310
               ¿Tanto gustas de ser hombre?

FLAMINIA   ¿Dándote a ti gusto, quieres
               que no guste yo del traje,

queriendo más ser tu paje
que reina de las mujeres?   315

ATILA   Yo, si así gusto de verte,
             es para mejor gozarte.

FLAMINIA   Yo solo por contentarte
             me gozo en obedecerte.

ATILA   Ya sabes, Flaminia mía,   320
             que, de todas las mujeres,
             tú sola a mis ojos eres
             lo mismo que el sol al día;
             y que así, libre de celos,
             gozo de tu hermosura   325
             con todo el gusto y dulzura
             que pueden causar los cielos.

FLAMINIA   Cuando no fuese por más
             de darte a ti ese contento,
             sentiría, como siento,   330
             señor, el que tú me das;
             el cual me es a mí tan justo
             y ocupa el alma de suerte,
             que, si no es gozarte y verte,
             no hay cosa que me dé gusto.   335
             Y por la misma razón
             gusto del traje en que voy,
             con que, por su medio, doy
             dulce fin a mi intención.

ATILA   Con tu belleza y aviso,   340
             Flaminia, me tienes tal,

            que casi como inmortal
            gozo de tu paraíso;
            que como el alma está unida
            con la tuya juntamente,   345
            ella del bien gusta y siente,
            sin que el cuerpo se lo impida,
            y casi en su perfición
            goza la gloria a que aspira,
            pues en tus ojos se mira   350
            y alberga en tu corazón.

FLAMINIA   Si yo estuviere segura
            de que no has de aborrecerme,
            podrías desvanecerme
            subiéndome a tal altura.   355

ATILA   Como tú no me aborrezcas
            yo no podré aborrecerte,
            y no por engrandecerte
            creo que te desvanezcas,
            pues yo no podré subirte   360
            donde mereces subir,
            aunque supiese decir
            lo que querría decirte;
            y tu discreción es tanta,
            que, aunque en lo más alto estés,   365
            no te faltarán los pies
            ni el valor que te levanta.

FLAMINIA   Más de lo que es de mí justo
            confías; y basta que
            confíes, Rey, que estaré   370
            rendida siempre a tu gusto.

ATILA	Lo uno y lo otro confío,
	y yo sé que no me engaño,
	que en tu ser me desengaño
	y en tu cordura me fío. 375
	Y basten estas razones,
	pues con ellas queda llano
	que tiene amor en su mano
	juntos nuestros corazones.
	Y vamos, si gustas dello, 380
	a gozar en el jardín,
	mientras llega el sol al fin
	deste día alegre y bello.
FLAMINIA	Si a ti te ha de dar contento,
	puedes estar cierto, a fe, 385
	que yo le recibiré
	con ese entretenimiento.
ATILA	Yendo tú, mi bien, comigo,
	serame contento grande.
	Vamos.
FLAMINIA	Vuestra Alteza ande. 390
ATILA	Ven junto a mí.
FLAMINIA	Voy contigo.

Fin de la primera jornada

Jornada segunda

La REINA.

REINA	No reposa el pecho donde,
	encendido en fuego ardiente,
	el furioso Amor se esconde,
	si a su colera impaciente 395
	el alma le corresponde.
	Este furioso dolor,
	esta mortal impaciencia
	ha de tener, si el amor
	es de su alma señor, 400
	quien no estuviere en presencia.
	No puede tener sosiego
	quien tiene el alma encendida
	en el amoroso fuego,
	porque la llama prendida 405
	es toda desasosiego,
	pues que si aprieta la lanza
	el amor enfierecido
	y fuerza con su pujanza,
	a que el más favorecido 410
	no tenga en fe confianza,
	¿a quién buscas por aquí,
	reina afligida y cuitada?
	A mí misma busco, a mí,
	en Flaminio transformada, 415
	ha cuyo ser me rendí

y en quien tengo mi esperanza,
aunque aumenten mis cuidados
con mortal desconfianza,
dos enemigos airados,   420
que son olvido y mudanza.
Mas, ¿será posible que
Flaminio me olvide a mí
y, viendo cuanto le amé,
podrá negarme aquel sí   425
y quebrarme aquella fe?
No promete tu presencia,
que al cielo y tierra enamora,
que uses con tal inclemencia
con quien te ama y te adora   430
las condiciones de ausencia.

(*Sale* FLAMINIA.)

FLAMINIA   ¿Goza tu Alteza del viento
           que causa en el mar ruido?

REINA   No, mi Flaminio querido,
           sino de mi pensamiento.   435

FLAMINIA   ¿Y en qué pensabas que tanto
           gozo te daba el pensar?

REINA   Pensaba poder gozar
           a quien me da eterno llanto.

FLAMINIA   ¿Quién es el cruel y duro   440
           que puede causarte enojos
           con que humedezcas los ojos?

REINA   No está muy lejos, te juro,
porque mis ojos le ven
y mi corazón le siente,   445
pues está ante ellos presente
y dentro en la alma también,
donde causa gloria tanta
cuanto, a los ojos contento,
y tal gusto al pensamiento   450
que al mayor bien se adelanta;
y con ser este bien tal
que no le hay tal en el suelo,
suele un temor y un recelo
convertille en grave mal,   455
que llegando a recelar
que no se paga mi amor,
me causa tanto dolor
que llego a desesperar.
¡Ay, Flaminio ya me entiendes!   460
¡Ya sabes lo que tú causas!

FLAMINIA   Aunque son de amor las causas,
con todo esto me ofendes,
que pues yo te prometí
de estar presto a darte gusto,   465
es, señora, muy injusto
que te congojes ansí.

REINA   Yo estoy tal, Flaminio mío,
que por fuerza he de creerte;
y así, acierte o no acierte,   470
en esta palabra fío.
Y más que tu hermosura,
propia de un Ángel del Cielo,

ahuyenta mi recelo
y tu palabra asegura.   475
Y así, pues estás tan firme
en tu promesa amorosa,
hacer conviene una cosa
que la asegure y confirme.

FLAMINIA   Cuanto mandares haré.   480

REINA   Pues toma esta toca y, cuando
la gente y día faltando
el Rey retirado esté,
por esta puerta pequeña
que va al baño de la fuente   485
ven, y sírvame fielmente
esa toquilla de seña.
Traila en el sombrero puesta
porque te conozca. ¿Adviertes?
¡Parece que te diviertes!   490
¿Cómo no me das respuesta?

FLAMINIA   Solo con obedecer
tengo yo de responderte
y, pues he de obedecerte,
no tengo que responder.   495

REINA   ¡Oh, gozo del alma mía
el cielo te guie y traiga,
y el Sol nos deje y se vaya
donde jamás nos dé día!
Con esta esperanza voy   500
a pasar el día largo,

y aunque me parto y alargo
contigo quedo y estoy.

FLAMINIA   Y allá llevas tú, señora,
mi dichosa alma también.   505

REINA   Pues por prenda de este bien
a este me atrevo ahora.

(*Vase la* REINA. *Queda* FLAMINIA.)

FLAMINIA   Ved que corriendo se va,
sonrojada, creo yo,
del beso con que me heló   510
cuanto ella encendida está.
¿Qué mayor que esta pasión
de la Reina, y este engaño?
Cosa estraña, caso estraño,
¡Lo que es la imaginación!   515
Pensando ella que hombre soy,
en fuego se está abrasando,
y yo, que es mujer pensando
hecha un puro hielo estoy.
Cual entre Caribdi y Cila   520
el marinero con vientos,
así están mis pensamientos
entre la Reina y Atila.
Del uno y del otro veo
el amor y el pensamiento,   525
y para cumplir mi intento
lo uno y lo otro proveo.
Yo seré Reina de Hungría

o mal me andarán las manos.
No serán mis sueños vanos   530
ni mi firme fantasía.
Gerardo es el que parece
que siento. Él debe de ser.
Quiérome apartar y ver
si la ocasión se me ofrece.   535

(*Sale* GERARDO.)

GERARDO   ¡Oh Reina, a cuyos ojos, boca y frente
donaire, discreción, belleza y gala,
ni el bien del suelo ni el resplandeciente
rayo del más hermoso día iguala!
Doleos de mi pasión, sentí el ardiente   540
fuego que de mi triste pecho exhala,
pues esperando en vos mi vida empleo
y doy vida a la muerte que poseo.
Con esos soles que hoy en mi pusiste
a tener esperanza me animastes,   545
y cuando junto a mí a Flaminio vistes
y a los dos juntamente nos mirastes
con los rubís y perlas que os reístes,
mi suave esperanza acrecentastes.
Con aquel favor rico me recreo   550
y doy vida a la muerte que poseo.
¿Quién hizo aquí ruido? ¿Quién escucha?

FLAMINIA   Nadie debe de oírte, y el ruido
yo le haría, que con priesa mucha
en tu busca corriendo aquí he venido.   555
Pero, con todo, mira bien escucha;
mira bien si hay alguno aquí escondido,

porque el recaudo que te traigo diolo,
quien me lo dio para ti solo solo.

GERARDO No parece persona. Amigo, dime   560
el recaudo que traes; pero quiero
que primero me digas si redime
esta alma aquella por quien vivo y muero
o si, con su rigor fuerza y oprime
a desesperación del bien que espero,   565
porque entiende, Flaminio, que no pienso
poderte oír teniéndome suspenso.

FLAMINIA Alégrate, Gerardo, escucha y tente
por el más venturoso y rico amante
de cuantos mira el sol resplandeciente   570
desde su rico carro relumbrante.
De tal suerte la Reina admite y siente
tu voluntad y tu afición constante,
que tu deseo y esa pasión tuya
te juro que es, Gerardo, propia suya.   575
Y porque entiendas que no es dar al viento
palabras vanas, ten, toma esta toca
y, cuando el Rey quedare en su aposento
a prima noche, al de la Reina toca,
trayendo en el sombrero este ornamento   580
con que la Reina se compone y toca.
Por esta puerta has de venir, que es donde
el cuarto de la Reina corresponde.

GERARDO ¿Yo sueño o es verdad esto que escucho?
¿Cierto que eres, Flaminio, tú de veras?   585

FLAMINIA Gerardo, no me espanto de eso mucho.

GERARDO   ¡Oh, dulce sueño! ¡Oh, si no lo fueras!
con el deseo que velando lucho
formas ahora, ¡oh, sueño!, estas quimeras.

FLAMINIA   Dejad esto, señor, que es verdad pura   590
la que te digo. De ella te asegura.

GERARDO   ¿Pero tú mi Flaminio y mi bien eres,
y esta la toca es, digo, la prenda
de la Reina de todas las mujeres
en perfición, sin que a ninguna ofenda?   595
Gustos, regalos, gozos y placeres,
guardadme en torno; cada cual defienda
al amante más rico y más dichoso
que vio ni puede ver el Sol lumbroso.

FLAMINIA   Gerardo, el Rey aquí sin duda viene,   600
que gran ruido, si le adviertes siento.
La toca esconde y, cuanto estar conviene
al caso, apercibido está y contento.

(*Salen* ATILA, *la* REINA *y* RICARDO *con* GUILLERMO *encapuchado*.)

ATILA   ¿De suerte que tan grande resistencia
tuviste para entrarle su castillo?   605
Dime, Ricardo.

RICARDO   Grande, y su presencia
causó el pasarlos todos a cuchillo.

ATILA   ¿Por qué razón?

RICARDO   Porque con impaciencia
puesto sobre la puerta y el rastillo
incitaba su gente a que muriese   610
primero que a la tuya se rindiese.
Decía con soberbia, ardiendo en saña:
"Mueran, amigos, estas gentes fieras;
haced en este páramo y campaña
banquete de sus cuerpos a las fieras; 615
digna es de vuestros brazos tal hazaña;
abatid estas bárbaras banderas
que tanto el hado injusto favorece
y de tantas vitorias enriquece!".
Era de ver el viejo con sus canas,   620
puesto sobre la puerta todo armado,
herir el viento con palabras vanas
y a tus soldados con el brazo osado.
Las torres de la puerta estaban llanas
y el ancho foso estaba ya cegado,   625
y así fue menester allí su amparo,
que a mil fuertes varones costó caro.
Un ancho y largo alfanje rodeaba
este viejo feroz y un grande escudo,
con tal desenvoltura que admiraba 630
al más fuerte, más bravo y más membrudo;
piernas, brazos y cuerpos destroncaba;
un rayo era su cuchillo agudo
y su lengua era un fuego que encendía
al helado temor y cobardía.   635
Mas fue, señor, en vano todo cuanto
con pelear y persuadir hacía,
pues la muerte en tu gente con espanto
la desdichada suya perseguía.

Al fin, alzando la vitoria el canto,   640
quedó por tuya toda Esclavonia,
prendido el Rey y puesta en la alta peña
con claro fin tu vitoriosa enseña.

ATILA   Porque fue, como yo, Rey este, quiero
que muera muerte honrada. Echalde
                                    [luego   645
a los leones, para que el más fiero...

REINA   Atila, rey, escucha un justo ruego:
no mates así un Rey, tu prisionero.

ATILA   Haz lo que mando, Ricardo. A ti le entrego.

RICARDO   Ea, venid.

GERARDO   (*Aparte.*)   ¡Oh, fiera llena de ira!   650

ATILA   Idos todos de aquí. Flaminio, mira.
(*Vanse todos. Queda* ATILA *y* FLAMINIA.)
Tú sola te queda aquí
para que sea cumplida
esta vitoria tenida
teniéndote junto a mí,   655
que si el recibido gozo
que con el preso Rey siento
a ti note da contento,
cairáseme a mí en un pozo.

FLAMINIA   Yo estoy, mi Atila, de suerte   660
que ya no tengo en mí parte

con que pueda contentarte
sino con mil ofenderte.

ATILA   Dime tu enojo y pasión,
               Flaminia, pues sabes que   665
               por remediarla pondré
               la sangre del corazón.

FLAMINIA   Si solo mi pena fuera,
               por tu vida, mi bien, juro
               que bajara al centro escuro   670
               antes que a ti te la diera,
               y que si, con padecer,
               pudiera yo remedialla,
               juro que por excusalla
               no escusara el perecer;   675
               y si viera que podía
               sin daño tuyo encubrilla,
               y que por no descubrilla
               en tu injuria consentía,
               antes muriera teniendo   680
               encubierto mi tormento,
               que decirte lo que siento
               y ofender a quien ofendo.
               Mas viendo que, aunque yo calle,
               no remedio en nada el daño,   685
               ni del peligroso engaño
               puedo a quien digo alivialle
               y que tu vida y honor
               pongo en peligro notable,
               es fuerza, señor, que hable   690
               y te diga mi dolor.

ATILA
Flaminia, no me entretengas,
que me causas pena inmensa;
dime tu mal o tu ofensa;
di sin rodeos ni arengas.   695

FLAMINIA
Antes mil muertes quisiera
pasar, mas yo lo diré
por no quebrarte la fe
que te debo y guardo entera.
No sé cómo comenzar.   700

ATILA
No me mates. Di, si quieres.

FLAMINIA
¡Oh, mengua de las mujeres!
Digo, señor, que vi estar...

ATILA
Di a quién y dónde al momento.

FLAMINIA
A Gerardo, tu querido,   705
con la Reina entretenido
en el último aposento.

ATILA
Flaminia, ¿qué dices?

FLAMINIA
                            Digo
lo que puedes ver tú mismo.

ATILA
Antes bajará al abismo   710
ese traidor mi enemigo.

FLAMINIA
Señor, si esta tarde estás
conmigo en este lugar,

esto que me oyes hablar
claro a los ojos verás.   715

ATILA   No digas más, que no quiero
            yo ajenos pareceres.

            (*Vase* ATILA. *Queda* FLAMINIA.)

FLAMINIA   Hazlo tu como quisieres;
            solo hagas lo que espero.

            (*Salen* GERARDO *y* RICARDO *con* CELIA, *la reina
            cautiva.*)

GERARDO   ¿Dónde está el Rey Flaminio?

FLAMINIA   En este punto   720
            de aquí acaba de entrarse en su retrete.

GERARDO   Pues avisadle que viene Ricardo
            con la Reina cautiva.

FLAMINIA   Avisaréle.

            (*Quedan todos. Vase* FLAMINIA *y sale la* REINA.)

REINA   ¿Avisaste al Rey, Gerardo?

GERARDO   Luego
            Saldrá, señora, aquí sin falta alguna,   725
            que ya Flaminio, su querido, ha entrado
            a decir que han llegado.

RICARDO   (*Aparte.*) ¿Que todavía dura esta privanza?

            (*Salen* ATILA y FLAMINIA.)

ATILA   Alzaos, primo, del suelo. ¿Es esta Celia?

RICARDO   Esta es tu esclava, la famosa Celia.   730

ATILA   Celia, si de otra suerte te rigieras
no derramaran tus hermosos ojos
esas lágrimas tiernas tan de veras,
ni sintieras tan ásperos enojos;
no fuerades tu gente y tus banderas   735
y tú de mi vitoria los despojos,
y en paz viviendo en mi amistad y gracia
gozaras de tu reino de Dalmacia.
Pero pues de indiscreta te perdiste,
ten paciencia, no llores ni te aflijas.   740

CELIA   Pues tan dichoso y tan cruel naciste,
bien es que en este caso me corrijas;
mas sabe que las lágrimas que viste
con que te alegras tú y te regocijas,
no son por falta de ánimo y cordura,   745
si no por sobra de mi desventura.

ATILA   Dejemos esto. Primo, escucha; quiero
que me des cuenta particularmente
de tu jornada y del conflito fiero,
del valor de la una y otra gente,   750
porque esa gran vitoria por entero
me satisfaga mi deseo ardiente,

y de más desto porque me entretenga
hasta que la hora del reposo venga.

RICARDO   Llegué, señor, con diligencia y suerte   755
al Epidauro, y con silencio tanto
que dio nueva de mí del primer fuerte
la perdida, el incendio, el saco, el llanto.
Hízose entonces Celia sola fuerte
en su ciudad, rendida al fiero espanto;   760
digo sola, señor, que no tenía
gente alguna de guerra en compañía.
Y así al primer asalto, que dos horas
duró con gran tesón de ambas las partes,
se vieron tus banderas vencedoras   765
tremolar en los altos baluartes,
y tus gallardas gentes domadoras,
con quien tu fuerte corazón repartes,
entraron la ciudad, cuyo alarido
creo que pudo ser aquí sentido.   770
Yo, que con el deseo de agradarte
procuraba prender la reina viva,
con mil a quien guiaba tu estandarte
hacia el alcázar a este tiempo iba;
gané el foso, la puerta, el baluarte,   775
y, con la furia que el vencer aviva,
entrado fue el alcázar, y buscada
Celia, no pudo ser jamás hallada.

ATILA   ¡Basta! Y vete a tomar reposo, en tanto.
Y todos os partí. Tú sola queda.   780
(*Vanse todos. Quedan* ATILA, CELIA *y* FLAMINIA
escondida.)

Tú sola, Celia, queda aquí entre tanto
que descubrirte el pecho y alma pueda;
pero será imposible decir cuánto
gozo recibo en verte, aunque conceda
el mismo Amor que con su lengua hable.   785
Tanto eres a mis ojos agradable.

FLAMINIA   (*Aparte.*) Aunque escuche mi mal, escuchar
[quiero
desde aquí, pues estoy bien escondida.

ATILA   Y de tu discreción, mi Celia, espero   790
que gustarás de darme alegre vida
y que querrás trocar en prisionero
el rey de quien estás presa y vencida,
quedando, si gustares de mi gusto,
con el nombre de Reina a ti tan justo.   795

CELIA   Como de ser cruel te precias, gustas
de dar mayor tormento a quien le tiene,
y así, con esas pláticas injustas,
tu corazón con gozo se entretiene
y, pensando que en ello me desgustas,   800
haces burla de mí, porque más pene.
Pues sabe que me das contentamiento
en juntar a mi mal nuevo tormento,
porque con él será posible que abra
la muerte puerta a mi angustiada vida.   805

ATILA   Celia, no temas tal de mi palabra
ni de esta voluntad a ti ofrecida,
y mira bien que tu belleza labra
en un metal, en una endurecida

piedra de un diamante, que es mi
[pecho,   810
y le tiene de ti una imagen hecho.
Esos jazmines, esas rosas bellas,
esos rubíes, esas perlas finas,
esos lazos de oro, esas estrellas,
esas dulces palabras peregrinas,   815
esos divinos rayos y centellas,
y esas gracias perfetas y divinas
han en mi corazón hecho un entalle
que el tiempo no podrá jamás borralle.

CELIA   Antes mi propia mano rigurosa   820
me dará triste muerte, que se diga
de Celia, que fue reina poderosa
que de un tirano torpe y vil amiga.

ATILA   Por señora te quiero y por mi esposa
Como tú ser y mi afición me obliga.   825
No creas que es mi pensamiento injusto
ni tan ajeno de tu ser y gusto.
Yo estoy, mi Celia, en ocasión ahora
que podré de mis reinos coronarte
haciéndote de mí reina y señora,   830
dándote en esto cuanto puedo darte.
Sucederás a mi mujer traidora,
que con la vida el reino ha de dejarte.
Olvidaré por ti, si así te gozo,
cuanto en el mundo puede darme gozo.   835

CELIA   Cuanto más me prometes, más de veras
creo que no harás cosa a mi gusto,
pues eso que me dices son quimeras

por atraerme a tu querer injusto.
Con la muerte sé solo que pudieras   840
darme el contento a mi deseo justo,
mas ya que tú no me la das, confío
que me la dará presto el dolor mío.

ATILA   Mi bien, no te congojes ni atribules,
que lo que estoy diciendo es verdad
                                        [pura.   845

CELIA   Señor, déjate de esto, no me adules
que no aprovecha en una piedra dura.

ATILA   Ruégote que esta pena disimules
hasta mañana solo, que segura
podrás estar de mi afición intento.   850
Y porque es tarde, ven a tu aposento.

(*Vanse los dos. Queda* FLAMINIA.)

FLAMINIA   ¿Cómo sufro lo que veo?
¿Cómo me detengo y callo?
¿Por qué mi fuerza no empleo?
Y pues con fuerzas me hallo,   855
¿por qué refreno el deseo?
¿Por qué no voy y le digo
a este tirano sin ley
que guarde su fe conmigo?
Mas, quien rompe la de rey,   860
mal guardará la de amigo.
Ya con la enorme traición
que a la triste Reina ordeno,
pensé cumplir mi intención

y tener de goce lleno   865
este triste corazón.
Cuando ser Reina creía
creyendo al Rey, que mostraba
que más que a sí me quería,
con su veloz rueda y brava   870
fortuna me lo desvía.
Mis padres, deudos y hermanos
en injusta y fiera guerra
me quitaste, Rey tirano,
y me trajiste a tu tierra   875
en este traje profano;
y porque de ti creía
que me tenías amor,
olvidé la ofensa mía
y como amigo y señor   880
te amaba y te obedecía.
Esa esclava, ¿qué te ofrece
que la procuras por dama?
¿Quién el seso te escurece
aborreciendo a quien te ama   885
y amando a quien te aborrece?
¿Qué has hallado en esa esclava
que no lo tenga esta triste?
¡Oh, pasión inmensa y brava!
¡Oh, Flaminia! ¿Cómo oíste   890
lo que aquel traidor hablaba?
Mas es justísimo pago
si bien contemplo mi culpa,
pues la gran traición que hago
a la Reina, es sin disculpa   895
y digna de mayor trago.
Dios sabe ya si querría

evitar, Reina, tu muerte,
pero no sé porque vía
ni es posible que la acierte   900
quien con mil yerros porfía.
Ya siento llegar la hora
que de mi maldad aguardo.
¡Oh, mal lograda, señora!
¡Oh, pobre de ti, Gerardo!,   905
vendidos de esta traidora.
(*Sale* ATILA.)
Ya viene el infiel tirano.
Quiero salir a hablalle.
Según está el paso y llano
lléguese su Alteza y calle.   910

ATILA   ¿Es tarde?

FLAMINIA   No, ni temprano.

ATILA   Luego, ¿a buena hora he venido?

FLAMINIA   Sí, señor.

ATILA   ¿Dónde estaremos?

FLAMINIA   Aquí, sin hacer ruido.

ATILA   Pues escóndete y callemos,   915
               que parece que he sentido...

(*Sale la* REINA *a la ventana.*)

REINA Ya llega la dulce hora
de mi mayor alegría.
¡Oh, sol, para siempre mora
dentro de la noche fría   920
donde te albergas ahora!
El cielo esta sosegado;
la noche, cual debe, escura;
sola esta pieza y segura.
Parece que se han juntado   925
lugar y tiempo y ventura.

ATILA Ya me parece que veo
no sé a quién en el balcón;
ya yo mismo en mí peleo
con mi bravo corazón   930
porque su furia no empleo.

FLAMINIA Para conseguir tu intento
conviene que te reportes
y que ese tu encendimiento
ahora atajes y acortes,   935
aunque te cause tormento.

(*Sale* GERARDO.)

GERARDO ¿Es cuerpo el que me rodea?
¿Es tierra la que aquí piso?
¿Es aire el que me recrea?
O yo estoy en paraíso   940
o mi alma fantasea.
En el paraíso estoy;
no es fantástica locura.

Guiadme, amor y ventura,
para que pueda do voy   945
gozar de la coyuntura.

REINA   Ya, ya alcanzo a descubrilla.
Él es, pues tanto me alegro.
Ya conozco la toquilla
puesta en el sombrero negro,   950
que campea a maravilla.
Él es; mi contento es cierto;
Mi gozo y mi gloria es cierta.
Mi bien, la puerta está abierta.

GERARDO   Entro, pues; tomo ya el puerto   955
de gozo, que es esta puerta.

FLAMINIA   Espera, señor, ¿qué vas...?

ATILA   Deja, ¿qué quieres hacer?
¿Qué quieres que aguarde más?
¿Do estás traidora mujer?   960
Y tú, traidor, ¿dónde estás?

REINA   ¡Ay de mí!

GERARDO   ¡Ay de mí!

REINA   ¡Misericordia!

GERARDO   ¡Piedad!

ATILA   Según vuestra lealtad,
la clemencia será así.   965

(ATILA *da muerte a la* REINA y GERARDO.)
Ya hice mi voluntad.
Y lo mismo en mil hiciera
si ahora con mil topara,
y si de cien mil vertiera
la sangre, no me quitara 970
la sed de mi saña fiera.

(*Vase* ATILA.)

FLAMINIA ¡Oh, celos rabiosísimos, qué llaga
tan mortal habéis hecho en mis entrañas!
¡Oh, pasión que la vida y alma estraga!
¡Oh, bravo mal que con tal fuerza
                              [dañas! 975
¿Así, cruel, mi voluntad se paga?
¿Así de mí te apartas y te extrañas?
¿Así se olvida esta cuitada y triste?
¿A mí, esclava, que tanto requeriste?
Pues si en lugar de la que ahora has
                              [muerto 980
no soy reina de Hungría y mujer tuya,
puedes estar, infiel tirano, cierto
de que Flaminia tu espíritu destruya.
Y nadie ni a traición ni ha desconcierto
mi determinación brava atribuya, 985
pues olvidas, traidor, a aquesta triste
a mí, esclava, que tanto requeriste.

Fin de la segunda jornada

Jornada tercera

RICARDO.

RICARDO	¿Qué furia horrible del abismo eterno
	anda por esta triste casa suelta?
	¿Quién causa en ella esté espantoso
	[infierno, 990
	esta terrible y áspera revuelta?
	¿Quién ha podido, cuando en gozo tierno
	y en dulce regocijo estaba envuelta,
	trocarla con tan bravo horror espanto,
	furor, ira, rabia, muerte y llanto? 995
	Ayer estuvo lleno de alegría
	palacio, con la gente vitoriosa,
	y a su contento y gusto respondía
	con regocijos la ciudad famosa;
	anoche ya el disgusto revolvía 1000
	la muerte de la Reina lastimosa.
	Hoy también boda y regocijo, y luego
	espantoso y mortal desasosiego.

(*Sale* FLAMINIA.)

FLAMINIA	Ricardo, ¿Qué rumor es este y llanto?
	¿Quién causa este alboroto alarido? 1005

RICARDO   Oh, Flaminio querido, el fiero espanto
más que las furias encruelecido,
es causa de mi duelo, y es de cuanto
rumor horrendo has en palacio oído,
que, acompañado de la muerte, arrasa   1010
la vida bien de esta infelice casa.
Sabrás, Flaminio, que de allí a un poco
que dejaste en la mesa al Rey cuitado
de contento y de gozo casi loco
por averse con Celia ya casado...   1015
¡Oh, Rey eterno, tu favor invoco
para poder decir lo que ha pasado,
que tales cosas son que sé, sin duda,
que no podré decirlas sin tu ayuda!

FLAMINIA   Ricardo, dime, por tú vida presto   1020
lo que quieres decirme, porque entiende
que en tal estrecho ya el temor me ha puesto
que apena el corazón se le defiende.

RICARDO   Apena a la mitad de la comida
había llegado el Rey contento, cuando   1025
con una brava furia no entendida
se apartó de la mesa voceando
y a la infelice Celia, su querida
con quien la boda estaba celebrando,
arremetió sin declarar sus voces.   1030

FLAMINIA   Di presto, mi Ricardo; así te goces.

RICARDO   No puedo con más animo decillo,
que es cosa que a un tigre le quitara...
Con el rostro tan flaco y amarillo

que a los demonios atemorizara,   1035
de la mesa tomó el Rey un cuchillo
y, como digo arremetiendo para
la triste Celia, atravesóle el fiero
el blando pecho con el duro acero.
Cayó la triste Celia mal lograda   1040
haciendo de su sangre un largo río,
y él, con la cara atónita y pasmada
quedó mirando el bello cuerpo frío;
pero vuelto a su furia acelerada
y al repentino y bravo desvarío,   1045
en sus pechos se puso de rodillas
derribando primero mesa y sillas;
y puesto así el cruel, por el cabello
asió la muerta con la izquierda mano
y con la fuerte diestra al blanco cuello 1050
el rojo hierro aplica el inhumano.
No sé, Flaminio cómo pude vello,
¡Oh, sangriento y bravísimo tirano!
Aferrando con furia, en breve pieza
separó de su cuerpo la cabeza,   1055
y, con ella colgada de la izquierda
por el largo cabello de oro fino,
como quien de mortal sueño recuerda,
quedó acabado el fiero desatino.
Pero luego le dio más larga cuerda   1060
aquel furor rabioso y repentino
y, a los demás habiendo arremetido,
huyendo acá y allá nos ha esparcido.

FLAMINIA   ¡Oh, bravo caso! ¡Oh, caso triste horrendo!
            ¿Y él, dónde ahora está, Ricardo
                        [amigo?   1065

Ricardo	Salíme yo con los de más huyendo.
	Bastóme ser de aquel gran mal testigo.

Flaminia	¿Él quedó allí?

Ricardo	Salíme yo, temiendo
	del furioso cruel aquel castigo.

Flaminia	¿Pues no sabremos el suceso	
	[entero?	1070
	Yo le quiero saber. Volver espero.	
	(*Aparte.*)	
	Con lo que este se congoja	
	y el alma aflige y afana,	
	¿mi pasión se cura y sana	
	y mi tormento se afloja?	1075
	¿Así va el mundo? ¿Uno tiene	
	daño con lo que otro bien;	
	uno muere de un desdén	
	que otro con él se mantiene?	
	El veneno que al Rey di	1080
	esta operación ha hecho,	
	pues, ¿a él le altera el pecho	
	y me le sosiega a mí?	
	Él, matándome con celos,	
	con Celia estaba contento,	1085
	hecho ya su casamiento	
	muy ajeno de recelos;	
	y yo, ¿matándole a él	
	y viendo ya muerta a ella	
	mato la ardiente centella	1090
	del celo airado y cruel?	
	Muere, pérfido, inhumano,	

muerte cruel, inhumana.
Salga esa alma tan tirana
de ese cuerpo tan tirano.   1095
Acábese ya tu imperio
y esa alma encruelecida
salga de su libre vida
y yo de mi cautiverio.
Gozaré ya libertad,   1100
y, aunque tarde, habré vengado
mis padres, deudos y estado
que destruyó tu crueldad.
Iréme segura a él
y seré admitida allí   1105
por señora, pues a mí
queda la sucesión de él.
Y ya que no soy de Hungría
reina, como procuré,
señora de mi seré   1110
y de la tierra que es mía.

ATILA   Viértase, corra la sangre.
            No quede persona viva
            y a la reina, mi cautiva,
            sangrad porque se desangre.   1115

RICARDO   ¡Flaminio, Flaminio, guarda!

FLAMINIA   Ricardo, espérate, aguarda.

RICARDO   Escóndete aquí al momento.
            El Rey viene y no hay huirnos,
            que están cerradas las puertas.   1120

FLAMINIA	Estén o no estén abiertas
	no temas, no hay por qué irnos.

RICARDO	¿No hay por qué dices, señor?

FLAMINIA	No temas, detente un poco.

RICARDO	He allí donde viene el loco.	1125

FLAMINIA	El muerto, dirás mejor.

(*Sale* ATILA. *Quedan* RICARDO y FLAMINIA *escondidos.*)

ATILA	Sal del pecho, horrenda fiera;	
	si no, bajaré al infierno	
	o subiré al cielo eterno	
	con Marte en su quinta esfera.	1130

FLAMINIA	¡Como está en su fantasía
	siempre su brava crueldad!

RICARDO	De las palabras juzgad
	cuál es la alma que las cría.

ATILA	Pues tú, Celia, te acomodas	1135
	y eres de las Reinas godas,	
	yo al infierno bajaré	
	y las almas mataré	
	para celebrar tus bodas.	
	Échalas del paraíso,	1140
	donde con valor y aviso	
	a salvarse todas van,	

porque si en el cielo están
ya yo el cielo mato y piso.
Óyeme, no te me alejes   1145
ni en tal tormento me dejes.
No te subas, reina amada;
ya te veo levantada
en los estrellados ejes.
Si el mar Rojo se dijo por la sangre   1150
que en Roma derramó Nerón con fuego,
este mar, esta tierra y este cielo
todo se llamará también mar Rojo.

FLAMINIA   ¡Qué furia, qué confusión!
              ¡Qué varias revoluciones!   1155

RICARDO   Es todo cual la impresión
              que sus furiosas pasiones
              hacen en su corazón.

ATILA   A Flaminio y Flaminia, y paje y dama,
              y Gerardo y la Reina en una toca   1160
              pondréis a degollar, junta la flota
              con la galera en el ardiente río.
              Río y agua me traed
              si este fuego no os empece,
              que cuanto su llama crece   1165
              me estoy helando de sed.
              En medio del agua y río,
              el fuego y el hielo gusto;
              tengo pena y tengo gusto
              como y bebo, lloro y río.   1170
              ¿No me veis, leones bravos?
              ¿No veis mi pecho de acero?

Cuantos hombres viven quiero
tener en mi pecho esclavos.
Viértase corra la sangre   1175
no quede persona viva.
El cuerpo la vida aviva
como el alma se desangre.
¿Que no hay sed ni fuego ya?
El fuego y la sed se dé   1180
a quien con mi Celia esté
cual ella conmigo está.
¿Flaminia y Celia cautiva?
Antes que a mí me desangre,
viértase, corra la sangre;   1185
no quede persona viva.

RICARDO   ¿Hay mayor compasión, Flaminio, que esta?

FLAMINIA   Ninguna tengo yo, que sé, sin duda,
que es justicia justísima del cielo
ejecutada por la débil mano   1190
de una triste mujer muy ofendida.

RICARDO   No entiendo lo que dices.

FLAMINIA   Yo me entiendo.

ATILA   Para, detente ya, ten;
que ni el triunfo ni la boda   1195
quiero que a Flaminio den.
A mí Celia se dé toda;
todos con mi Celia estén.
Viértase toda, corra ya la sangre;
no quede piedra ni persona viva.   1200

Corred aquí, aquí corred,
amigos, Ricardo, primo.
No es sed, no es furia ni encanto,
si no encanto, y furia, y sed.
Ya se va toda; ya toda   1205
se vierte la sangre y corre.
¿Quién este fuerte socorre?
¿Quién esta guerra acomoda?
Viértase, corra la sangre,
no quede persona viva: 1210
todos mueran, nadie viva:
todo el mundo se desangre.

RICARDO   ¿Viose fiereza mayor
           en hombre alguno jamás?

FLAMINIA   ¿Nombre de fiero le das?   1215
           Llámale el mismo furor.

RICARDO   Desgracia la nuestra fue
           aquí encerrarnos con él.

FLAMINIA   Presto morirá el infiel,
           según yo creo y se ve.   1220

ATILA   ¿Quién oye? ¿Quién habla aquí?
           ¿Quién me mira? ¿Quién me escucha?
           ¿Quién con estos ojos lucha
           conque muerte a Celia di?
           ¿Yo a vos, mi Celia, di muerte?   1225
           Antes a mí me la den
           mil relámpagos que estén
           dentro de mi pecho fuerte.

Sois vos mi vida. Mirad
¿cómo muerte os daré yo?   1230
Sí, muerte os he dado. No;
Mentís; yo digo verdad.
Cualquier que osare decillo
miente si toma esa empresa,
que el cuchillo de la mesa   1235
vino a ser vuestro cuchillo.
Y yo el cuchillo he de ser
por vuestra venganza sola,
de las banderas que arbola
toda mi potencia y ser.   1240
Todo mi ser y potencia,
que es la tierra, infierno y cielo,
ha de convertirse en hielo
quemado en vuestra presencia.
Iras, furores, espantos,   1245
grimas, portentos, encantos,
manos, arrojad ahora;
mostrad furia vengadora
llena de muertes y llantos.
Haced ceniza al traidor   1250
con fiero asombro y horror,
con tormentos infernales.
Si está protervo en sus males,
sed protervo ejecutor.

FLAMINIA   ¡Cómo la soberbia   1255
             reina en el tirano cruel!

RICARDO   Cual es tirano rey él,
             ella es de él tirana reina.

ATILA   ¿Dónde está la fortaleza?
              ¿Dónde la horrenda braveza?   1260
              Venga, venga. ¿Dónde está?
              Hela, hela aquí, que ya
              prueba su fuerza y destreza.
              ¿Qué habéis hecho, señora, a nuestro paje
              que en traje de mujer es pajecillo?   1265
              ¿Así perverso a quien te adora engañas
              con las sangrientas trompas de la fama?
              Helado va corriendo, hala, hala.
              ¡Qué bravo fuego, qué donaire y gala!

FLAMINIA   ¿En tal gozo tal recelo?   1270
              ¿Cuándo tal fuego, tal hielo?
              ¿En tanta paz tanta guerra?
              ¿Tan arrojado por tierra cuando
                            levantado al cielo?

ATILA   Por aquellos resquicios de la Luna   1275
              veo yo de mi muerte las señales.
              Es la rueda veloz de la fortuna,
              tormento de los míseros mortales.
              Eres Fénix, mi Celia, sola una
              en bellezas y gracias celestiales.   1280
              Pero ¿cómo en la Reina te trocaste?
              ¿Cómo el hermoso rostro así afeaste?
              No me persigas más, sombra.
              ¿Quién me llama? ¿Quién me nombra?
              Huye terrible fantasma.   1285
              El corazón se me pasma
              y la vida se me asombra.
              Celia, ¿qué gesto es ese así amarillo,
              y ese de furias tan tremendo enjambre?

¿Que de mi vida acabas ya el ovillo?   1290
¿Que rematas la tela y el estambre?
¿Que lo quieres cortar con el cuchillo?
¿Qué es esto, cuerpos y almas? ¿Es calambre?
¿Dónde quieres llevarme con tal fuerza?
Espera, muerte, vete, ¿quién te fuerza? 1295
(*Sale* Flaminia *del escondite.*)
Pero ya, mi muerte infiel,
ya veo quién me destruye.

Ricardo   ¡Flaminio, guárdate, huye!
           ¡Quítate delante de él!

Atila   Ven, muerte, que al hondo abismo   1300
           asido te he de llevar,
           y allí tengo de reinar
           como reina tu rey mismo.

Flaminia   ¡Atila, Atila, señor!
           ¡Soy yo, conóceme, amigo!   1305

Atila   Ven, ven, corre; ven comigo.
           Sígueme. ¡Muerte, traidor!

           (Atila *da muerte a* Flaminia, *y él muere también.*
           Queda Ricardo.)

Ricardo   ¡Oh, mancebo malogrado!
           ¡Oh, Rey desdichado y triste!
           ¿Qué demonio te envestiste?   1310
           ¿Qué furia en ti se ha encerrado?
           ¡Oh, más cruel que el demonio!
           ¡Oh, muerte bien merecida,

cómo serás de su vida
claro ejemplo y testimonio!   1315
Un negro caño le mana
de sangre por las narices.
¡Oh, sangre, cuán claro dices
su sed de la sangre humana,
que fue tan fiera y tan brava,   1320
tan inorme y del infierno,
que azote de Dios eterno
todo el mundo te llamaba!
¿Quién dirá las crueldades
de este Rey soberbio y ciego,   1325
las bravas muertes, el fuego
de gentes y de ciudades?
¡Oh, justa paga y castigo,
y justo infierno al que vas,
pues fuiste de Satanás   1330
tan grande secuaz y amigo!
¡Oh, Rey, que el mundo gobiernas
solamente con mirar
haz, Señor, considerar
estas justicias eternas!   1335
Cese, el llanto y el hacer memorias tales
y en lo que más conviene se dé el orden:
ese paje de allí se lleve luego,
y al Rey dentro pongamos en su cama,
de donde con su pompa sea llevado   1340
a su ya dedicada sepultura.

Fin de la tragedia del fiero Atila.